企业数字化转型
全攻略

马赛◎著

清华大学出版社

北京

内 容 简 介

本书立足于为读者提供实用知识，通过 9 章的内容，系统地讲述理解企业数字化转型的本质、企业如何下数字化转型的决心、一份企业数字化转型的"作战地图"、真正做到"以用户为中心"、企业数字化转型过程中的效率革命、数字化转型与企业商业模式创新、以数据驱动企业发展的核心、企业决策的数字化转型、协同办公系统对企业数字化转型的工具支撑等知识点。通过阅读本书，读者将能熟练掌握企业数字化转型的相关知识及实战技巧，对工作能力的提升及企业管理思维的拓展均大有裨益。

本书适合对企业数字化转型发展前景感兴趣，有计划进行企业数字化转型发展的企业管理者和企业员工。

图书在版编目(CIP)数据

企业数字化转型全攻略/马赛著. —北京：清华大学出版社，2023.9
ISBN 978-7-302-64702-7

Ⅰ. ①企⋯ Ⅱ. ①马⋯ Ⅲ. ①企业管理—数字化 Ⅳ. ①F272.7

中国国家版本馆 CIP 数据核字(2023)第 183801 号

责任编辑：张　瑜
装帧设计：杨玉兰
责任校对：孙晶晶
责任印制：曹婉颖

出版发行：清华大学出版社
　　　　网　　址：http://www.tup.com.cn, http://www.wqbook.com
　　　　地　　址：北京清华大学学研大厦 A 座　　　邮　　编：100084
　　　　社 总 机：010-83470000　　　　　　　　邮　　购：010-62786544
　　　　投稿与读者服务：010-62776969, c-service@tup.tsinghua.edu.cn
　　　　质量反馈：010-62772015, zhiliang@tup.tsinghua.edu.cn
印 装 者：河北鹏润印刷有限公司
经　　销：全国新华书店
开　　本：170mm×240mm　　　印　　张：13.5　　　字　　数：256 千字
版　　次：2023 年 10 月第 1 版　　　　　　　印　　次：2023 年 10 月第 1 次印刷
定　　价：59.00 元

产品编号：101663-01

前　言

数字化转型已经成为当今企业发展的重要趋势。在这个信息爆炸的时代，企业需要不断地创新和变革，才能在激烈的市场竞争中立于不败之地。本书旨在帮助企业了解数字化转型的重要性，并提供一套全面实用的指南，助力企业成功实现数字化转型。

本书整合了来自业界专家和成功企业的实践经验，分享了其在数字化转型过程中的成功案例和经验教训，为读者提供了有实战价值的参考。本书全面系统地介绍了数字化转型涉及的各个方面，包括战略规划、组织架构、技术应用等，为读者提供了企业数字化转型的全景视角。

本书共分为九章，每一章都聚焦于数字化转型的一个关键领域。

- 第一章介绍了企业数字化转型的本质，剖析了企业数字化转型与企业生产力和生产关系之间的联系。
- 第二章介绍了企业在数字化转型前需要做的准备工作。
- 第三章介绍了制定数字化转型战略的思路和方法。
- 第四章重点强调了企业数字化转型过程中"以用户为中心"的重要性。
- 第五章介绍了数字化转型中"效率革命"的实现途径。
- 第六章介绍了数字化转型给企业带来的商业模式创新。
- 第七章揭示了企业数字化转型后能够获得的数据驱动力，并分析了围绕数据安全展开的安全治理问题。
- 第八章重点说明了数字化转型对企业决策环节的作用。
- 第九章介绍了 OA 协同等数字化办公系统，并总结了企业选购 OA 协同系统的实用方法。

本书的特色在于既注重理论指导，又强调实践操作。书中深入浅出地介绍了企业数字化转型的各种理论知识，结合实战案例帮助读者全面了解企业数字化转型的各个环节，并提供了系统的方法和框架来指导数字化转型的实施，方便读者更好地理解理论概念，并将其应用到实际业务中。

在本书编著的过程中，获得了互联网、物流等行业人员的大力支持，同时参阅了企业数字化转型的相关著作，在此一并表示感谢。本书虽然力求全面，但仍然不能覆盖所有细节和情景。我们希望读者能够在实际操作中灵活运用本书的理论知识，结合企业自身的情况进行定制化转型。同时，由于本书编者水平有限，书中难免有疏漏之处，希望广大读者批评、指正。

编　者

目 录

第一章 理解企业数字化转型的本质 1

第一节 从"十四五"规划对数字化发展的重视说起 2
一、"十四五"规划中的数字化发展 2
二、企业数字化转型是关键 3
三、数字化转型对"十四五"经济增长的意义 5

第二节 企业数字化转型的定义、思路和实践 6
一、企业数字化转型的定义 6
二、企业数字化转型的思路 8
三、企业数字化转型的实践 9

第三节 数字化转型对企业生产力的提升 10
一、提高企业的生产效率 11
二、提高企业的治理水平 13
三、提高企业应对风险的灵活性 13

第四节 数字化转型对生产关系的重构 14
一、为什么一定要明确数字化转型的核心 15
二、为什么说企业数字化转型的核心是生产力和生产关系的重构 15

第五节 数据的全量全要素连接 19
一、企业向"智能体"进化的方向 19
二、选择全量全要素数据的三个维度 21
三、全量全要素连接系统应具备的七项职能 23

第二章 企业如何下数字化转型的决心 25

第一节 为何说企业数字化转型是"一把手"工程 26
一、大量成功案例 27
二、必须全局统筹 27
三、大量资源投入 28
四、协调多方利益 29

第二节 从生态位角度出发设立数字化转型目标 29
一、生态位与企业经营 30

二、减少生态位的重叠 ·· 32

三、生态位与企业数字化转型的目标 ···················· 33

第三节 企业数字化转型过程中的组织准备 ············· 34

一、围绕信息技术进行组织架构 ·························· 34

二、优化企业的价值体系 ···································· 34

三、以数据为驱动开展数字化转型 ······················ 35

四、组织变革的实现方式 ···································· 35

第四节 企业数字化转型过程中的管理决策 ············· 38

一、决策前的基本分析 ······································ 38

二、管理决策的设计要点 ···································· 39

第五节 企业数字化转型过程中的资源调度 ············· 41

一、资源调度的准备工作 ···································· 42

二、数字化转型的资源投入 ································· 43

三、资源调度容易陷入的四大误区 ······················ 46

第六节 企业"一把手"对数字化转型的风险考虑 ······ 47

一、数字化转型的风险 ······································ 47

二、企业数字化转型的破局思路 ·························· 49

三、应对数字化转型风险的方式 ·························· 51

第三章 一份企业数字化转型的"作战地图" ··············· 53

第一节 企业开展数字化转型的施工次序 ··············· 54

一、先找突破口 ··· 55

二、从新市场做起 ·· 55

三、优先与客户关联 ··· 57

四、先销售后管理 ·· 57

第二节 企业如何用数字化平台沉淀能力 ··············· 58

一、建设数字化平台的方法 ································· 58

二、企业数字化平台的运营方式 ·························· 59

三、如何用数字化平台沉淀企业能力 ··················· 61

第三节 由数字化平台到开放的创新生态圈 ············· 61

一、物联网等数字技术与创新生态圈的形成 ··········· 62

二、从数字化平台到数字化生态 ·························· 63

三、数字化生态圈对企业发展提出的新要求 ··········· 66

第四节 如何进行企业数字化生态平台共享中心的建设 ····· 67

一、生态平台共享中心的发展趋势 ······················ 67

　　二、企业如何加速数字化生态平台共享中心的建设 ………………… 68

第五节　企业新旧系统交接棒如何更顺畅 ………………………………… 70

　　一、企业数字化新系统应用的准备工作 ………………………………… 70

　　二、企业如何做好新旧系统的交接棒工作 ……………………………… 71

第六节　企业如何打造自己的开放创新生态圈 …………………………… 73

第四章　真正做到"以用户为中心" …………………………………… 79

第一节　体验为王背后的核心是"人" …………………………………… 80

　　一、用户体验的核心 …………………………………………………… 80

　　二、如何有效提升用户体验 …………………………………………… 81

第二节　智能制造与规模化定制的实现 …………………………………… 83

　　一、智能制造的发展趋势 ……………………………………………… 84

　　二、在工业 4.0 时代实现智能制造和大规模定制 …………………… 86

第三节　细颗粒度数字化平台与用户自助 ……………………………… 87

　　一、细颗粒度数字化平台的概述 ……………………………………… 87

　　二、用户自助的概念和优势 …………………………………………… 88

　　三、细颗粒度数字化平台与用户自助的结合 ………………………… 89

第四节　以数字化平台释放企业全维生产力 …………………………… 90

　　一、数字化平台提升企业生产力的三大优势 ………………………… 91

　　二、数字化平台如何帮助企业释放全维生产力 ……………………… 92

第五节　餐饮行业的数字化转型愿景 …………………………………… 96

　　一、餐饮行业的发展趋势 ……………………………………………… 96

　　二、餐饮行业数字化转型的案例分析 ………………………………… 98

　　三、餐饮行业数字化发展的重点 ……………………………………… 99

第五章　企业数字化转型过程中的效率革命 ……………………… 101

第一节　以流转率为核心的数字化时代企业效率 …………………… 102

　　一、企业流转率概述 …………………………………………………… 102

　　二、企业围绕流转率进行数字化转型的重要性 …………………… 103

　　三、企业围绕流转率进行数字化转型的要点 ……………………… 104

第二节　如何破除企业规模与企业效率之间的悖论 ………………… 106

　　一、企业规模与企业效率之间的悖论 ……………………………… 106

　　二、解决企业规模与企业效率之间悖论的方式 …………………… 107

第三节　数字化转型与企业成本降低 …………………………………… 110

　　一、如何实现企业的降本增效 ……………………………………… 111

二、企业数字化如何助力降本增效 ·· 113

第四节 数字化转型与企业精准决策 ·· 114

一、数字化转型对企业决策的影响 ·· 115

二、数字化决策的实现方式 ·· 116

第六章 数字化转型与企业商业模式创新 ·· 121

第一节 创新型商业模式的力量 ·· 122

一、商业模式概述 ·· 122

二、从产品思维转为用户思维 ·· 123

三、创新型商业模式的案例分析 ·· 124

第二节 数字化转型与企业交易模式创新 ·· 125

一、数字化转型对企业交易模式的影响 ·· 126

二、数字化转型与企业交易模式创新的未来趋势 ·· 127

第三节 数字化转型与企业组织模式创新 ·· 129

一、传统企业的组织模式 ·· 129

二、数字化转型能给企业组织模式带来哪些转变 ·· 130

第四节 数据中台与企业模式创新 ·· 132

一、企业数字化转型的核心目标 ·· 132

二、数据中台是数字化转型的基石 ·· 134

第五节 房地产企业的中台数字化转型 ·· 138

第七章 以数据驱动企业发展的核心 ·· 141

第一节 已经被纳入生产要素的数据 ·· 142

一、将数据纳入生产要素范畴的原因 ·· 142

二、中国各领域数字化发展的现状与潜力 ·· 143

第二节 数字孪生与数据驱动产品设计 ·· 144

一、数字孪生技术 ·· 144

二、数据驱动产品设计 ·· 145

三、数字孪生与数据驱动产品设计的结合 ·· 146

第三节 产品制造环节的数据驱动 ·· 148

一、个性化定制 ·· 149

二、智能化生产 ·· 150

三、精益化管理 ·· 152

四、服务型制造 ·· 153

第四节 企业的数据安全治理能力 ·· 154

一、数据安全治理的要点 154

二、数据安全治理的总结 155

第五节　企业数字化转型中的数据安全攻防 157

一、数据安全攻防的案例 157

二、如何做好企业数字化转型中的数据攻防 159

第八章　企业决策的数字化转型 161

第一节　数字化转型并不等于业务"上网" 162

一、信息技术不等于数字技术 162

二、数字化转型不可一蹴而就 162

三、为公司的数字化转型找到一个切入点 163

四、数字经济转型对传统企业的影响 164

五、对传统制造业进行数字化改造的几点认识 166

第二节　数字化能力如何直接指导行动 167

一、数字化转型的难点 167

二、自动化的行动 168

三、更多的参与者 169

四、涉及更多的设备 170

第三节　数字化能力要赋能每一个链条环节的决策 171

一、提高组织的政策制定水平 172

二、提高决策执行效率和准确性 173

三、以安全为第一原则，避免数据外泄 174

第四节　数字化能力最终将实现万物互联 175

一、工业互联网在发展中遇到的困难 175

二、工业互联网和工业 4.0 的发展 177

第五节　交管行业的数字化转型要点 179

一、交通管理系统的数字化改造难点 180

二、交管系统的数字化改造 183

第九章　协同办公系统对企业数字化转型的工具支撑 185

第一节　企业数字化转型视角下的 OA、ERP 与 BI 186

一、弄清企业的真实需求 186

二、OA、ERP 和 BI 的实际问题 186

三、企业该如何实现数据流动的目标 188

第二节　OA 协同办公的发展变化 189

一、办公自动化阶段 190

二、协同 OA 阶段 190

三、协同平台化阶段 191

四、未来的协同生态发展展望 191

第三节　什么是好的 OA 协同办公系统 192

一、功能全面 192

二、界面友好 193

三、安全可靠 193

四、可扩展性强 194

五、服务质量高 195

第四节　OA 协同办公系统的外部采购 197

一、在采购 OA 协同办公系统时容易陷入的误区 197

二、如何选择适合的 OA 协同办公系统 198

第五节　国内主流 OA 协同办公系统对比 200

一、优秀的协同办公系统需要满足的条件 201

二、远程办公软件的分析 201

第一章

理解企业数字化转型的本质

数字中国、数字政府、数字经济、数字生活……这些与"数字"紧密联系的词语已经悄然融入了我们的生活，数字化转型已成为近年来各行各业的发展趋势。各大企业纷纷开始实施数字化转型的战略，更多的企业也开始谋划数字化转型发展。企业在实施数字化转型发展的战略之前，需要管理者对企业数字化的本质有深入、透彻的理解，从而对数字化转型的方向和目标有清晰的认识，以便更好地推动企业数字化转型的进程。本章将从企业数字化转型的本质开始说起，带领读者理解企业数字化转型的本质。

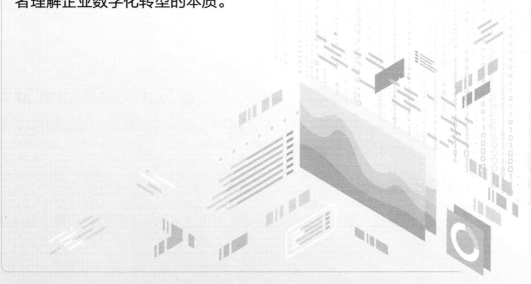

第一节 从"十四五"规划对数字化发展的重视说起

我国数字化随着互联网技术的飞速发展已经进入了起步阶段。从国家层面上来看，数字化发展备受重视。在"十四五"规划和2035年纲要中，"数字化"一词频频出现，比如"加快数字化发展，建设数字中国""打造数字经济新优势""加快数字社会建设步伐""提高数字政府建设水平""营造良好数字生态"等都是在文件中出现的数字化发展的重要目标，从中也可以看出国家对于数字化发展及其相关领域的高度重视。

一、"十四五"规划中的数字化发展

在"十四五"规划中，31个省(自治区、直辖市)都有关于数字化转型发展的相关建议。概括来说，数字化发展的重点在于以下几方面。

1. 与实体经济融合发展

数字经济不是孤立发展的，需要以实体经济为基础和依托，让数字经济与实体经济实现融合发展，二者相辅相成、相互带动，共同构建数字经济模式下的新生态体系。

2. 未来产业的展望

数字化发展将会有效带动一系列新产业的发展，包括当下备受关注的 AI 科技、大数据、云计算、区块链、5G 等，这些产业未来都会是数字化经济时代的重要组成部分，也是未来的发展重点。

3. 数字社会的构建

未来，我国将建立数字化社会。随着数字化技术的不断升级，让数字技术渗透到大众生活的方方面面。同时，我国还计划建立数字政府，让政府完成数字化执政和数字化管理的转变，进一步提升政府的管理能力和管理效率，为数字社会的稳定发展保驾护航。

4. 数字安全的保障

数字化发展的结果，不仅会带来社会的快速进步，还伴随着一定的风险。比如，随着数据共享技术的普及，公众信息与数据网络的联系越来越紧密，这就需要提防数据以及个人信息泄露的风险。因此，数字化转型发展的同时，还需要关注数据安全的提升以及个人信息和数据安全的保障。

各省份发展目标不同，对于数字化转型建设要求也不尽相同，但总体上都是围绕以上 4 点进行。可见，全国都开始逐步重视数字化转型工作，小到企业，大到省级政府都将数字化转型放在了重要位置。希望在未来，通过全国人民的共同努力，我国的数字化水平能够迈入国际先进行列。

二、企业数字化转型是关键

要想实现"十四五"规划中关于数字化转型的目标，广大企业的数字化转型将会是成功的关键。目前，国内很多传统企业都面临着数字化转型发展的挑战，对很多中小型企业来说更是如此，甚至可以说，数字化转型是决定这些企业在数字时代生存能力的命脉。企业数字化转型的需求，会极大地增加企业投资的需要，而数字化转型也会让公司的运营效率得到极大的提升。

今天，很多新兴行业，比如直播、电商等，已经开始渗透到了传统行业中，而在不远的未来，企业的数字化转型将会形成时代的浪潮，成为发展的主流趋势。我们可以看到，不少传统行业中的企业也在不断地进行着数字化转型发展的尝试，并借助数字技术的力量，增强企业间、行业间的联系，从而为企业赢得更大的发展空间。数字技术若能成功地推广至各个行业，将会对我国的数字经济产生革命性的影响。企业数字化转型在实践方面的重点内容已经在很多文件中被强调，下面我们总结出了四个重要方面，如图 1-1 所示。

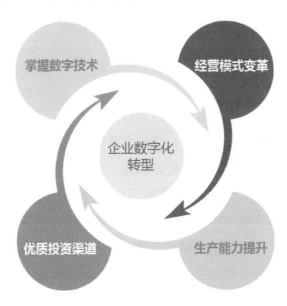

图 1-1　企业数字化转型的重要方面

1. 掌握数字技术

企业要想实现数字化转型，必须要掌握至少一项数字技术，这是企业转型发展的基础。当前数字技术正在迅速发展，诸如大数据、人工智能等比较成熟的技术已经在很多行业和领域中发挥重要的作用，已成为推动企业新一波技术变革的主要动力。

2. 经营模式变革

实现数字化转型只靠对应的数字技术是不够的，企业需要进行整体转型才能彻底适应数字时代的新环境。这里需要强调，企业在数字化转型过程中的经营模式和商业理念的变革。比较成熟的数字技术会在企业经营模式变革的过程中发挥关键性作用，促进企业从上到下整体转型。

3. 生产能力提升

当前我们的生产水平，早已可以实现大量产品的批量化生产，但是在数字时代所需的智能化产品、个性化产品方面，还处于探索的阶段。企业要实现数字化转型，一定要实现上述产品的批量生产，而这离不开生产核心技术的提升，通过这种方式，各行业企业将在数字化转型的过程中促使生产能力的大幅度提升。

4. 优质投资渠道

企业数字化转型不只对企业自身的发展有十分重要的意义，同时也是给大量投入在金融领域的资金一个十分理想的投资渠道，让资金可以流向实体经济领域，为社会经济发展提供更多的帮助，加速数字社会的建设。

三、数字化转型对"十四五"经济增长的意义

回首近年来我国的发展，"十二五"期间我国国内生产总值年均增速接近8%，到"十三五"期间国内生产总值年均增速约为 6.7%。可以发现，尽管我国经济增长的势头没有改变，但是实际上经济增长的速度是持续放缓的。在这样的背景下，"十四五"期间我们需要更加积极地抓住经济增长的每一个机会。

数字化转型发展无疑是我国经济增长的一个重要的契机，更是未来十年发展的主要趋势。要想打破经济增长的瓶颈，提升我国经济增长的速度，实现数字经济的转型发展，就必须把数字经济作为发展的重点。数字化转型对我国的"十四五"经济增长来说，意义重大，具体原因可归纳为以下三个方面。

1. 时代要求

当前，我们正处于数字化革命的初期。以人工智能、大数据等新兴技术为中心，实现万物互联互通的高速运转模式，信息技术和数字技术的发展是时代最需要的。

2. 政策推动

随着国家网信办《关于推进"上云用数赋智"行动 培育新经济发展实施方案》的正式印发，我国新的数字时代已经来临，此后更多关于数字技术的政策文

件纷纷出台。数字技术作为重要的技术基础，其发展受到了政府层面的重点关注和大力支持。与此同时，政府对新的数字基础设施的建设进行了大量的投资，未来的数字化转型发展之路注定越来越通畅。

3. 企业发展需要

在传统的经济学中，土地、资本和劳动力是企业生产的三个基本要素，而在今天，数字技术对于企业发展的重要性已经不亚于这三个基本要素。在"十三五"期间，经过产业融合发展，很多企业发现自身的发展进入了瓶颈期，需要新的生产要素的加入，激发企业的发展潜能，数字技术就是其中的关键。企业的数字化转型将促进企业持续创新，帮助企业实现健康高质量的发展。

第二节　企业数字化转型的定义、思路和实践

企业数字化转型是未来十年各行各业发展的必然趋势；顺利完成数字化转型的企业将在生产、经营、管理、营销等方面占据领先优势。完成企业数字化转型的首要前提是理解其定义和内涵，了解企业数字化转型的本质和内在要求，这对于企业完成数字化转型的任务来说是极其重要的。本节，我们就先带领读者了解企业数字化转型的定义与相关知识。

一、企业数字化转型的定义

企业数字化转型是指运用大数据、云计算、人工智能等技术来改变企业的经营方式、组织结构、企业文化等的过程。举例来说，现在比较流行的智能制造、智慧生活等概念就是企业数字化转型所带来的成果。如果单看数字化转型这个词，可能很多人不知道具体指的是什么，实际上，数字化转型是一个范围比较大的概念，我们可以把它理解成企业各方面数字化升级的总和。我们用一种更直观

的方式来对数字化转型进行描述，即企业的数据化管理。

说到数据，这是现代企业每天都在处理的工作内容。不管是什么企业，都会涉及财务、营销等业务，这些工作本身就与数据有密不可分的联系，离不开对数据的分析、处理和决策。当前绝大多数企业在数据处理方面还有很大的提升和优化空间。管理者早已疲于对千头万绪的数据和文件进行低效率的分析处理，更想要从数据快速导向结论的处理方式，以便帮助他们大幅度提升管理和经营的效率和质量。在当前的时代背景下，企业数字化转型就是大幅度优化企业经营管理方式的最佳方案。

数据分析一般是应用在个人或者一个单独的问题上，若我们将数据分析范围扩大到企业的业务层面上，就是辅助企业管理，将产生更大的企业效益，这个过程就是企业的数据化管理。近几年，一些企业也在内部推行过数据管理的工作，比如在财务、人事、客户管理等方面应用数据工具来进行分析和处理问题。本质上就是将企业的结构、业务、经营方式等都固定在了软件上，让企业内部所有的人员、材料、装备、资本都通过软件管理运行。如果企业的管理层认为在当前的商业环境下，企业的经营模式不适合当前的情况，可以对已有的软件进行改进，使之适应新的要求。从这个角度上来看，当前的信息技术和数字技术对于企业的现实意义在于对业务的支撑。

企业实施信息化后，相关的人力、物料、设备、资金等要素就围绕既定的软件系统运转，但是这并不算实现了企业数字化转型的最终目标，因为这些要素在企业运营中的实际情况还不能被管理者统筹掌控。企业还没有实现通过数字化系统实时获取并掌控企业日常运营全流程的目标，例如顾客在使用商品或提供的服务后所反馈的市场数据、工厂流水线运作状态、供应链周转情况等的资料，大多是人工进行整理的，需要员工写出各种各样的报告。这不仅耗时耗力，而且不能确保分析的正确性。这是目前在企业管理中亟须优化的难点。

通过完成企业数字化转型，可以将公司的日常经营、产品服务、市场分析、行业趋势等方面的信息进行汇总和智能分析，从而将公司的经营状况、产品研发、服务流程、营销模式、库存管理等方面的情况进行综合分析整合，以便更好地制定企业的管理措施和发展规划。

二、企业数字化转型的思路

　　数字经济转型已经成为很多传统公司转型的必经之路。在企业数字化转型的过程中，有一些共性的思路可以供大多数企业参考。我们可以把企业数字化转型的过程分成四大步骤，从内部到外部，从管理到经营，逐步推进企业数字化转型的进程，如图1-2所示。

图1-2　企业数字化转型的思路

1. 业务数据化

　　第一个步骤是企业的业务数据化，也就是将所有的业务信息都集中到一个平台上，提升企业处理业务的能力。对大多数企业来说，业务发展的好坏是企业经营的核心，因此企业的业务数据化是十分重要的，关系到企业数字化转型的最终效果。

2. 数据资产化

　　第二个步骤是数据的资产化，也就是对企业的业务数据进行整合、储存、管理，为数据当下和未来的应用做好准备。在企业数据中心的构建过程中，利用数据资产化来实现数据的可用性和可视性，是企业数字化转型过程中不可缺少的一步。

3. 资产服务化

第三个阶段是数据资产的服务化。当数据成为企业的资产之后，企业需要设计合理的体系和平台，让数据资产可以成为能够供企业利用的工具。通过资产服务化的过程，可以从数据层面挖掘出企业经营管理的实际情况，比过去的人工分析更加透彻，也更加高效，能够为企业提供内部业务、成本管理、问题发现以及数字化决策等服务。

4. 服务业务化

第四个阶段是企业的服务业务化的过程，也就是让企业所掌握的数字技术在企业的业务方面提供实际的帮助。比如企业可以通过对业务的外在环境进行数字分析来实现新业务的拓展，对现有业务或者新业务进行赋能，从而创造更多真正的价值。

三、企业数字化转型的实践

企业数字化转型落实在实践中，也可以分成四个层次，不同层次的实践具有相应的关联性。

第一层是网络应用的层次，也就是把企业的管理和经营行为都转移到网上来进行，同时完善企业各个业务领域的信息体系。网络应用是企业数字化转型实践的第一个层次，大部分行业的龙头企业目前都已经具备了这个能力。

第二层是数据的融合层次，企业在进行数字化转型的过程中，信息化部门将会成为核心部门，统筹规划企业不同模块的数据资源，完成数据资源的整合，让企业内部运营方式的核心转移到数据的层面上来。

第三层是形成数字化企业的雏形，企业可以利用新的数字技术，建立企业内部管理的算法模型，建立一个持续扩张的业务处理平台，使其在企业内的运行过程中充分发挥出数字化业务处理的优势。

第四层是实现企业的数字智能化的管理方式，这是一种以数字技术为基础的企业自动化、智能化的管理模式，以内部的数据为主导，按照企业日常经营的常规方式来处理企业经营中的事务，在外部建立起一个完整的数字生态系统，从而实现企业的整体发展。

在企业数字化转型的过程中，数据处理平台的构建是关键，而数字智能化管理工作的难度也很大，这都是企业数字化转型过程中面临的挑战。要顺利实现企业数字化转型，不仅要有明确的目标，还应该规划出与企业自身情况相契合的方向，不断地去完善企业的数字化转型的路径。

第三节　数字化转型对企业生产力的提升

企业数字化转型能够给企业带来跨越式的提升，让企业的生产能力突破当前的瓶颈，为企业创造更大的发展空间。企业数字化转型对于生产能力提升的重点在于提高生产效率和治理水平，以及增强应对风险和危机的能力。下面我们来具体说说数字化转型对企业生产能力提升的效果，如图1-3所示。

图1-3　企业数字化转型对企业生产能力的提升

一、提高企业的生产效率

企业数字化网络的建立，需要将自身的产业体系与先进的计算技术、分析技术、感应技术、互联网技术等充分结合，以此来实现供应链和产业模式的全方位变化，并为生产能力的提升提供新的推动力。企业可以通过"基础企业架构+人工智能+混合云"的方式，让企业在时间与空间层面上都运用数字化的云计算服务，这个模式也被称为超擎数字底座。

腾讯云、箩筐技术、宽东方科技联手打造的"时空超脑"产业网络应用平台就是一个典型的案例，它依托于宽东方科技在离散型制造业多年来积累的经验，结合腾讯云的云计算和人工智能技术，利用 PB 级别的时空数据存储和边缘处理能力的 PaaS 和 DaaS 服务，可以让数以十亿计的互联互通装置和云应用软件之间实现数据的无障碍传输。"时空超脑"可以让企业的产品开发耗时缩短一半、交付周期缩短一半、制造效率提升三分之一、原材料和在制品的库存降低百分之九十、生产损耗降低百分之七十。上述一系列数据足以证明，企业数字化转型技术能够让企业生产效率得到极大程度的提升。

在更广阔的产业场景下，超擎数字底座还有很大的发挥空间，可以被应用于能源、铁路等领域。装配超擎数字底座后，整体数据性能将获得数十倍提升，以毫秒级的响应速度打造极低延时的高效业务系统。企业可以做到对生产过程的全流程加速，自动进行设备状态监控与预测性维护等智能化管理。

案例：东方电机——制造企业通过数字化转型实现生产效率的提高

制造业数字化转型是以快速响应顾客需求为首要任务，并基于此任务实现高产出、低库存的生产流程优化。制造业数字化转型为"软件定义，数据驱动"的运营管理提供了新思路，提升了运营的精确性和效率。

东方电机是一家老牌重型装备企业，它利用数字化转型的方式，实现了企业生产能力的大幅提升。"生产效率提高 48.2%，运营成本降低 31.9%，产品研发周期缩短 30.1%，产品不良品率下降 20%，能耗下降 56.6%。"这就是东方电机数字化车间的建设结果。

东方电机创建于 1958 年，是一家从事大型发电设备研发、设计、制造和重大技术装备制造的骨干企业，同时也是全球发电设备、清洁能源产品及服务的主要供应商。东方电机六十多年来坚持自主创新，着力科学研究，由落后走向领先，形成了"水、火、核、气、风、光"多电并举的工业发展模式。

从 20 世纪 60 年代末，东方电机为盐锅峡水电站提供了 4.5 万千瓦的水轮发电机组，到 20 世纪 80 年代为葛洲坝提供的 17 万千瓦的轴流转桨式水轮发电机组，该机组于 1985 年荣获了国家科技特等进步奖，再到 2008 年东方电机自主设计制造的三峡右岸四台 70 万千瓦的水电机组正式投产，直到 2021 年为白鹤滩水电站提供 16 台单机容量 100 万千瓦的水轮发电机组。

东方电机技术部的李浩亮表示："线圈和冲片是电机的'心脏'，是公司的核心产品，以往都是靠人工和部分自动化来完成，工人们都是靠着手工完成的，工作量很大，而且工作环境很差。经过设备自动化的改造和数字化的升级，我们的各项性能都有了很大的提高。"从这里，我们可以看出数字化技术的使用对东方电机产能的提升发挥了至关重要的作用。

迄今为止，东方电机已经在多个领域实现了多个国家和行业的首创，这些领域包括：首个定子线圈模块化柔性生产车间、首个定子冲片全自动绿色制造车间、首条转子线圈铣孔自动流水线、首个线圈与冲片全面数字化检测平台、首次将水溶性漆大规模应用到冲片生产中、首次将焊接机器人集群应用到大型水电产品的制造中，等等。

李浩亮表示，在数字化车间的建设过程中，东方电机把建立一个数字化的工厂定为未来的发展方向，并在未来的几年里，公司的目标是将生产效率再提升一倍，设计时间减少 40%，能量利用率增加 10%，废品率减少 10%，运行费用减少 15%。他相信在数字化技术的帮助下，这些目标将会在未来几年的时间里一一实现。

二、提高企业的治理水平

物联网监控系统是企业数字化转型过程中一个比较成熟的应用系统，对于提高企业的治理水平具有重要的意义。比如能源企业、制造企业和供应链企业可以把物联网监控系统用在生产管理和企业安保系统，从而提高企业的治理水平。

物联网监控系统就是利用精确坐标来建立高精度的空间建模，再配合物联网智能监控，在北斗卫星定位系统的帮助下，实现对大量物体的精确定位，及时监测异常情况发生的具体情况。在设备制造、仓储管理以及物流供应链等领域，物联网监控系统都可以利用高精度的地理坐标，精确判断出发生异常的具体位置，从而实施最优的介入措施和应对措施。

除了上述的功能之外，物联网监控系统还可以利用卫星遥感数据、物联网历史数据以及人工智能技术建立起智能化的风险预警和防范机制，降低企业的运营费用，使公司的经营管理从处理突发事件的终端报警转向以预警、预判和识别为主的风险源头管理，从机制上对企业的治理水平进行优化。

三、提高企业应对风险的灵活性

在当今时代环境下，企业在经营中面临的风险挑战比过去更多，不论是突发的疫情，还是外部环境问题等，都会让一些企业猝不及防，甚至出现经营问题，所以提升企业应对风险的灵活性势在必行。如果企业能够通过数字化转型实现时空数字化管理，面对突发风险时就可以游刃有余地处理。时空数字化管理能够迅速地适应不同的环境和不同的挑战，灵活解决问题。

以港口运输为例，港口作为重要的贸易运输中心，无人化、自动化、智能化的发展是未来的必然趋势。在这次突发的新型冠状病毒来袭时，使用无人化技术可以提高工作的速度，同时减少病毒的传播概率；港口遇到突发恶劣天气时，使用无人化技术可以防止物流效率大幅度降低或者运输过程被打断，降低了赔偿风险。在 BIM 模型、高精度地图和北斗定位服务系统的共同作用下，港口可以建立起实时传输、信息共享的时空数字架构，为无人驾驶系统提供高性能、高精度、高同步性的空间数字服务。此外，还可以实现实时天气数据与业务数据的整合，通过行业人工智能技术对天气变化进行预测，如遇突发情况可以快速采取相应的解决方案，及时提供后勤服务，显著提升企业对紧急事件的处理能力和在全球化挑战下的风险应对能力。

总的来说，企业数字化转型对各行各业企业的生产能力都可以起到明显的提升作用，尤其在生产效率、治理水平以及风险应对方面的提升是最为关键的。数字化转型不仅对于传统行业意义重大，对各种新型的网络经济，包括各种互联网行业等都有积极的意义，数字化技术将会在更加广阔的产业领域中发挥重要的作用。

第四节　数字化转型对生产关系的重构

对于很多企业来说，对数字化转型的理解仍然停留在基础层面上，具体要往哪个方向上进行、怎么进行等可能还在一边尝试一边探索的过程中。实际上，企业数字化转型是一个非常复杂的系统性工程，不是短时间内就能彻底实现的，所以在企业数字化转型的实际进程中，不可避免地会出现各种问题。如果企业能够加深对数字化转型的理解程度，一些问题是可以避免的。因此，本节谈的就是数字化转型对企业生产关系的影响问题。

随着数字经济的快速发展，许多企业都有意加入数字化转型的行列，但是很多企业还没有真正认识到这一转变的实质，对于方向和目标还不甚清晰。一些企业在数字化转型的过程中，投入大量资金，还有一些企业在内部采取了试点的方式来逐步尝试数字化技术的应用，但是对于企业数字化转型能带来什么成果、实现什么目标，恐怕能说清楚的人并不多。因此也有一部分企业认为，企业数字化转型就是个空虚的、泛泛的概念，是一个空壳子，里面没有实质性的东西，对数字化转型持否定的态度。

　　人们如何看待企业数字化转型的关键在于企业的管理层能否认识到，其核心是实现"企业生产力和生产关系的重组"。如果能对此有正确的认识，可以说对数字化转型的认知是比较深入的，在数字化转型的道路上也可以少走很多弯路。那么，为何我们认定企业数字化转型的核心是实现企业生产力和生产关系的重组呢？

一、为什么一定要明确数字化转型的核心

　　企业数字化转型是全方位的整体转型，数字化转型的过程不仅涉及企业的一个项目或一部分项目，而且包含人员、资金、设备、市场、业务、产品、技术、财务、法务等方面；不仅与企业的管理层相关，也和企业的中层、一线人员密切相关，可以说，企业数字化转型是牵一发而动全身。

　　如果参与企业数字化转型的各方对这项工程的核心认知无法取得一致，心不往一处想，劲儿不往一处使，则会使企业的数字化转型过程充满迷茫、困惑和疲惫。不弄清楚要通过数字化转型为企业解决哪些问题、数字化转型的过程与每个人的工作有哪些实质性的关系，就无法有效地调动参与人员的积极性和行动力，项目的推进就会面临很大的困难。因此，企业参与数字化转型的关键人员一定要对数字化转型的核心和任务目标有清晰的认识，不能为了转型而转型，而是要明确解决企业的实际问题，这是企业数字化转型成功的基础。

二、为什么说企业数字化转型的核心是生产力和生产关系的重构

　　数据与语言有很大的相通之处。语言的价值在于使用语言来做的事，比如交

流、沟通，在这个过程中语言产生了很大的价值。数据也是如此，如果能够对企业经营中的数据进行高效应用，就会给企业带来意想不到的巨大价值，而它的实现途径就是对生产力和生产关系的重构。

1. 数据化转型如何重构生产力

数据可以通过数字转换的方式，将其中的价值更大程度地激发出来，这是它能够进行生产力重组的重要基础。

数据在进行数字化改造之前，就像一张张散落在不同地方的纸片，上面记录的资料都是分散的，无法进行统一的应用。数字化的过程，就是将这些零散的信息记录载体整理出来，助力企业运转。通过自动化、智能化的数据分析，数据可以做到自动识别问题，自动决策事项等，更重要的是，避免人工在企业组织中的信息盲区。

因此，企业数据化的一个关键意义就是将那些零散杂乱的业务数据，通过数据的收集、处理和加工，使它们得到合理的应用。现在我们常常提起的数据可视化、智能数据分析等都是为了实现这一目的。使用这些数据技术，企业运营的方方面面就可以像一张透视图那样呈现出来，可以让我们更加直观、高效地发现在企业经营中存在的客观问题，并寻找到合适的解决方式。在企业实施数据化转型之前，如果想要查看一份数据，必须要向总公司、各省分公司、各部门进行反复询问核实，花费的时间太久，浪费的人力太多，而在企业经营中，人力和时间都是最重要的生产力，如能大幅度节约人力和时间，企业的生产力就可以获得提升。

从这个角度来看，人力和时间都是提升企业生产力的关键，而企业的数字化转型在这一方面可以发挥很大的作用。能够掌握之前无法获得的数据信息，人力成本和时间成本都得到大幅度的节约，而且在专业的数据处理工具的帮助下，企业处理数据的门槛实际上是降低了，信息系统可以更好地在企业内部进行普及使用。由此可见，数据化技术的使用，让原本依靠人的工作，变成了自动化、智能化的流程，数据处理在企业发展中已经成为像人力和时间那样重要的生产力。

2. 数字化转型如何能重构生产关系

正是由于数字技术的变革，才能突破原有信息传播效率的限制，让企业中人与人、部门与部门之间的协作效率大大提升。在这样高效的信息流动和交互的过程中，员工与部门之间的信息盲点得到了有效的消除，很多阻碍部门间协作的问题得到了解决，内部的人力得到了高效的整合，这正是数字技术所能解决的问题。数字技术可以让企业内部各部门的数据联通起来，所有人可以共同使用，在分析和解决问题的时候可以形成合力，而不是内部出现瓶颈，解决问题的效率自然可以得到提升。

数字化转型将打破企业内部、内外部合作中原有的边界。一旦打破，则相当于在企业中对生产关系进行了重构，以前那些很强势的前台团队变得开始尊重后台支撑团队，后台支撑团队开始理解前台团队的不容易，甚至有可能前后台团队合并成一个团队，这些调整都取决于实际业务和管理需求。

同时，数字化转型不是建个数据仓库，上一堆数据应用就算完事。数据从零散、非标准化的形态，到被标准化地连接、应用起来后，也就形成了生产力，但这种数据生产力只有用起来才能成为生产力，也就是需要生产关系的驱动。

没有数据化的运营，数字化转型也只是一个静止的工具。只有数据化运营，才能真正发挥数据的生产力，而数据化运营就是一种生产关系。很多企业，没有配备数据化运营的岗位，或者负责运营的人不懂数据，不懂数据化运营，或者内心鄙视数据化运营，那数字化转型只是白搭。

所以真正发挥数据化转型的力量，就需要与之适应的生产关系。

案例：西门子公司通过数字化转型重构生产关系

西门子公司是一家拥有 160 多年历史的跨国企业，其业务涵盖能源、工业自动化、医疗保健、数字化等领域。在数字化时代，西门子公司积极转型，通过数字化技术重构生产关系，提高了生产效率和质量。

1. 建立数字化工厂

西门子公司推行全面数字化生产，建立了数字化工厂。数字化工厂是指通过数字化技术实现生产过程中各个环节的信息共享、自动化控制和智能化管理。西门子公司的数字化工厂采用虚拟建模、模拟仿真、智能制造等技术，从而实现了生产流程的可视化、自动化和智能化，提高了生产效率和质量。

2. 生产设备的数字互联

西门子公司借助物联网技术和云计算技术，实现生产设备的互联互通。物联网技术是指通过传感器、通信网络和云计算平台等媒介，将物理设备和数字系统相连接，实现设备的信息采集、传输和分析。西门子公司将这种技术应用于自己的生产中，通过连接所有生产设备和系统，对生产过程的数据进行实时监测和控制。这样不仅提高了生产效率，还能够及时发现和修复设备故障，减少生产成本和损失。

3. 智能化运营的改革

西门子公司通过数字化技术实现了全面智能化运营。智能化运营是指通过数据分析、模拟仿真和人工智能等技术，对生产流程和运营管理进行优化和智能化，提高了生产效率和质量。西门子公司借助数字化技术，实现了自动化生产、智能化调度和远程监控等功能，从而实现了全面智能化运营。

案例分析：西门子公司通过数字化技术重构生产关系，实现了生产过程的全面数字化、生产设备的互联互通和运营管理的全面智能化，提高了生产效率和质量，增强了市场竞争力。

数字化转型是一种由内而外的自我变革，是一种利用数字技术的变革。这种变革的核心是提高生产力，改善生产关系，解决以前解决不了的问题，或者用更低的成本去解决以前的问题。同时，发现以前没有注意到的问题和市场机会。新的生产力需要与之适配的生产关系。

第五节　数据的全量全要素连接

在企业数字化转型的过程中，我们将会遇到许多无法避免、难以克服却又不得不面对的重大问题。如果企业在数字化转型的过程中没有及时处理这些问题，将会在数字化转型的道路上面临重重障碍。而如果企业能够把数字化转型过程中的核心问题处理好，那么企业的数字化转型计划就会变得更加简单，数字化成果也会变得更加有效。本节围绕企业在数字化转型过程中所面临的重大问题"全量全要素连接"来展开讨论，通过引入案例，帮助读者理解如何才能在企业中有效地实现数据的全量全要素连接。

一、企业向"智能体"进化的方向

向"智能体"方向演变，是每个公司施行数字化转型的最终目的，也就是让企业运转的各个环节都打上智能化的烙印。而想要实现这一点，对于大多数企业来说都需要很长一段时间，有很多准备工作都是不可缺少的。企业需要在数字化转型的过程中，将一切进展都建立在全面、完整的体系架构以及脚踏实地的执行反馈上，一步一个脚印地向既定的目标前进。因此，企业在制订计划之初，就一定要明确企业数字化转型的大方向以及终极目标，不是一个项目、一个部门、一个流程的智能化，而是整个公司都向着"智能体"的方向去发展进化，这是一个全面、整体的过程。

只将企业数字化转型的目标定义为"智能体"则过于抽象，我们举个例子来说明一下。坐过飞机的人应该对飞机降落有印象，乘客往往下了飞机之后搭乘摆渡车才能离开，如果飞机可以直接在廊桥处降落，那么旅客就不必再带着行囊去等摆渡车了，这种便捷是显而易见的。其实机场对此也是一清二楚，如果想要使旅客享受到更加便捷、快速的旅行体验，尽可能提升飞机直接停在廊桥的百分比就能大幅度优化乘客的下机体验，而这一过程就十分依赖机场的数字技术。

案例：深圳机场调度系统的数字化升级

以深圳机场为例，以前飞机降落靠桥，主要依靠人工操作的 ORMS 系统来辅助实现，通过运营资源管理系统来分配机位。ORMS 系统可以实现机场的机位数据的采集和连接，具体包括机位配置、航线方向、机型信息、旅客信息等。看起来这套系统的功能是很完整的，然而在实际运用中能发挥的效果却比较有限。在2019 年以前，深圳机场总共有 230 多个能够停靠的廊桥，而实际上被使用的机位只占四分之一，也就是说，大多数旅客在深圳机场降落后还要乘坐摆渡车才能够到达目的地，十分不方便。

深圳机场出现这种情况的原因就是数据不够全面。后来华为技术公司和深圳机场进行了技术方面的合作，华为为深圳机场提供了人工智能调度系统，可以辅助飞机智能降落廊桥。具体来说，就是在原来的 ORMS 系统中增加了连接运行指挥平台和空管协同决策系统的数据，具体包括飞机的航空器信息、冲突信息、地幅信息、滑行信息等，比之前的数据有了大幅度的拓展。这套新系统可以采集和利用到的数据甚至包括飞机跑道上的驻航灯，可以对每一盏灯进行分别控制，可以监控跑道上飞机起飞或停靠的实时信息。在新系统的帮助下，深圳机场的飞机降落廊桥的比例提升了 10%，优化了乘客的旅行体验。

案例分析：在深圳机场的案例中，多维度新数据(如智能助航灯等)的加入就是数据量的增加，这些数据的加入实际上就是机场降落控制系统向全量连接迈出的一步。

全要素连接体现在多属性的信息收集方面，以航空器信息为例，这一信息就属于飞机业务数据中的新要素。深圳机场过去使用的 ORMS 系统只收集飞机航线、机型这两个基本要素数据，而新系统中加入了航空器要素信息后，机场就可以更加准确地监控飞机的运行状态，让智能降落系统的精度提升一个新台阶。

数字化转型的关键是全量全要素的连接，了解了这一点，在实践中还是不够的，因为在信息时代，数据量十分庞大，如果对数据不加区分地全部收集，那么对数据处理的压力就太大了，而且效率也不高。那么在企业数据化转型的过程中应该如何准确地筛选出我们真正需要的全量全要素数据呢？

二、选择全量全要素数据的三个维度

下面，我们来介绍一种适合大多数企业使用的模式，帮助企业选择适合自身业务的全量全要素数据。

智能手机就是生活中十分常见的例子。如果我们打算连接手机的数据，最容易想到的维度就是手机直观的数据，比如外观的颜色、材质、厚度、重量等，再深入一点的是手机的系统配置，是安卓系统还是苹果系统，手机摄像头用的材料是什么等。但是从智能手机制造商的角度来看，这些数据还是太少、太片面了。实际上，为了选择全量全要素数据，我们需要从三个维度出发去考虑，即产品的设计态、制造态和运行态，这样才能全面地收集到全量全要素数据，如图 1-4 所示。

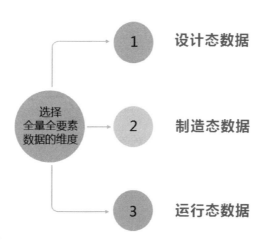

图 1-4　选择全量全要素数据的三个维度

所谓的设计态数据，就是手机的零部件尺寸、制造材料的供应商、手机性能数据等。制造态数据则是手机在制造过程中的数据，比如手机的制造生产线、组装流程等。手机的运行态数据一般包括手机在使用过程中的特征数据，比如运营不同程序的稳定性、开机等待时间、运行过程中的发热、卡顿等情况的数据，这些都属于手机的运行态数据。任何一件产品在生产的过程中都会经历从设计到制造再到运行的三个状态，收集这三个维度的数据可以作为全量全维度数据的补充，对企业产品的数字化转型起到积极的作用。

手机制造商可以通过以下方法收集手机制作的设计态数据、制造态数据和运行态数据。

(1) 设计态数据：手机制造商可以通过使用计算机辅助设计(CAD)软件或其他设计工具来创建手机的设计图纸和模型。这些设计数据可以包括手机的外观、尺寸、材料、引脚布局、电路图等。

(2) 制造态数据：手机制造商可以通过物料需求计划(MRP)系统或生产计划与控制(PPC)系统来跟踪手机制造过程中的各个环节。这些数据可以包括物料清单、生产进度、工艺流程、人工和机器的使用情况、质量检测结果等。

(3) 运行态数据：手机制造商可以通过内置传感器、操作系统、应用程序等收集手机在运行过程中的各种数据。这些数据可以包括电池寿命、温度、信号强度、应用程序使用情况、网络流量、照片和视频数据等。

手机制造商可以使用数据采集系统、传感器、生产管理系统和手机操作系统等技术来收集和管理这些数据。这些数据可以用于改进设计、优化生产流程、诊断和解决问题，提供更好的用户体验等。

企业按照上述三个维度完成对业务对象的数据采集后，就基本掌握了对象所需的全量全要素数据。做好连接之后，可以检验一下这些数据能不能做到还原业务对象从设计到运行的全貌。如果可以，那么该对象就可以在数字世界中完全被模拟出来，为后续的智能化打下必要的基础。

例如，数字化时代可能会出现这样的场景，一家制造飞机的企业，可能一架样机都不用生产就可以直接生产商用飞机。因为有数字化的手段去完成所有的测试仿真，把复杂度极高的飞机直接还原出来。

三、全量全要素连接系统应具备的七项职能

企业数字化系统的全量全要素连接后，如何在应用中实现实时反馈、智能控制等功能呢？具体来说，可以根据企业数字化系统的七项职能来综合实现，即：预测功能、预警功能、监控功能、协同功能、调度功能、决策功能和指挥功能。

企业产品生产后需要进入营销环节，根据需要进行渠道的连接、用户广告的投放等工作，而对在这些环节中收集到的数据可以进行数字化综合分析预测，从而科学预测出手机预期的销量，从而控制好产量，提高生产和销售效率。在手机制造流程中，也可以应用智能生产线、智能监控等数字智能控制技术，实时监控生产线的投料、运行等情况，当出现意外情况时及时进行处理，控制产品生产中的风险。比如说，在对材料信息进行扫描的过程中，一旦出现信息错误，生产线就会判定产品的组装过程不合理，它会在生产过程中向生产管理员发送警报，让工人进行人工干涉，通过这种方式就可以实现生产过程中的预警和人工干涉。产品在生产过程中产生的数据还可以共享给企业的后勤部门，根据在生产过程中产生的数据，按照之前客户提出的订单要求，从仓库发货到物流运输都可以进行更加精细化的管理，比如根据物流卡车的位置确定装车时间，提高运输效率。

当我们在企业设计、生产、销售的过程中将全量全要素的数据都连接进来后，可以建立一个全面的实时反馈系统，任何一个环节出现了新的情况都可以追溯到整个体系中各个环节的数据，并据此做出更加快速、科学的决策。从目前各企业的数字化进程来看，想要转型成为真正的智能体还需要更多的时间，进行全量全要素连接是其中一个非常关键的环节，如果企业可以做到针对经营业务进行全量全要素的连接，就可以摒弃大量的无用数据，通过更加精准的数据治理来使企业向数字化智能体的方向进化，因此全量全要素的数据连接对于企业数字化转型来说意义重大。

第二章

企业如何下数字化转型的决心

企业数字化转型的前景美好，但是企业管理者对落到实施环节还是会心存顾虑。这主要源于对企业数字化转型过程中可能需要应对的风险和挑战了解不足，不清楚如何准备。本章从实际执行的角度，为读者详细讲述企业数字化转型过程中的目标设立、组织准备、管理决策、资源调度、风险考虑等实际问题的处理方法，帮助企业管理者坚定实施企业数字化转型发展战略的决心。

第一节 为何说企业数字化转型是"一把手"工程

很多专业领域的人士会把企业数字化转型形容为"一把手"工程，也就是说，企业的数字化转型是董事长、CEO 等企业的"一把手"担纲的重要工作。这种说法并非空穴来风，国务院国资委就曾在文件中提出："要实行数字化转型一把手负责制，企业主要负责同志应高度重视、亲自研究、统筹部署，领导班子中明确专人分管，统筹规划、科技、信息化、流程等管控条线，优化体制机制、管控模式和组织方式，协调解决重大问题。"官方对企业数字化转型的重视还不仅于此，上海市委市政府还要求企业"一把手"签订《创新使命责任书》，其内容包括把数字化转型的成果作为企业领导人任期考核中的一项，由此可以看出，企业数字化转型是企业"一把手"工程已经成为一项共识。

那么，数字化转型能被公认为企业"一把手"工程的原因在哪里？"一把手"可以在企业数字化转型的过程中发挥哪些作用？本节将为读者解答上述疑问，如图 2-1 所示。

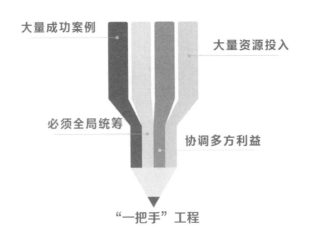

图 2-1 数字化转型成为"一把手"工程的原因

一、大量成功案例

埃森哲咨询公司曾对企业数字化转型的实际情况进行过研究，对四百余家实施数字化转型的企业进行了调研，发现这些成功案例大多数是由企业的"一把手"直接负责的工程。无独有偶，科锐国际发布的《中国企业数字化转型的思考与行动》报告中也有对这一事实的阐述，"较为成功的数字化转型，约一半都是由 CEO 直接负责的。'一把手'的参与程度，很大程度上影响了数字化转型能否取得好的成效。"也就是说，在企业数字化转型的成功案例中，"一把手"发挥的作用是十分明显的，而且科锐国际的报告中也提到，在企业数字化转型失败的案例中，超过三分之二的企业并没有由"一把手"直接负责这一项目，而由"一把手"负责的转型项目有更多的成功案例，可见项目的负责人对于转型成功率确实有不容忽视的重要影响。

二、必须全局统筹

数字化转型涉及全局性的企业改革过程，必须要求有系统性的布局安排才能够彻底完成，所以一定要由"一把手"来领导，否则企业的数字化转型很可能只能做到部分完成，或者很容易以失败收场。

实际上，在企业建立信息系统的过程中，"一把手"项目这个词对企业来说也并不陌生。但企业的信息化系统建立和数字化转型还是不能完全画等号的，因为在进行企业信息化系统建立的过程中，"一把手"主要是起到支撑的作用。而如果在企业数字化转型这一过程中，"一把手"只是给予一定的支持是远远达不到转型需求的。

在数字化转型领域，有一句很经典的话，"三分靠技术、七分靠组织"。这句话充分说明了企业数字化转型的复杂性和系统性，它要求企业建立新的目标、文化和组织架构。而在企业的组织架构层面进行的改革，必须要由"一把手"亲自推进，才能够取得成效。所以，"一把手"必须要带头执行数字化转型的计划，要亲身参与，身体力行，才能够尽可能地克服组织中存在的惰性，尽早实现数字化转型的目标。

也唯有"一把手"才可以拥有企业中最高层的战略思维。这种大局观使其可以从更高的层面来审视未来的发展方向，并引导企业的改革。业务部门的主管层的行为和决定很难影响到整个企业的发展和改革的方向，所以他们也很难担负起企业数字化转型这一重任。就像领导变革之父约翰·科特说的那样："如果变革涉及整个公司，CEO 就是关键；如果只是一个部门需要变革，该部门的负责人就是关键。"

所以，我们需要明确，推进企业数字化改革必须是一项"一把手"工程，"一把手"不去做，这项改革就很难有进展。反过来，只要企业的"一把手"愿意执行这一项目，不管多大的难题最终都能迎刃而解。当初，华为曾经找 IBM 为它们做管理咨询，但没人能与 IBM 谈成合作，直到任正非亲自出面，双方才达成了合作。

三、大量资源投入

企业在数字化转型的过程中需要投入大量的资金，因此必须由企业的"一把手"提供资源方面的支持，这样才能使数字化转型的项目顺利地推进。

在进行企业数字化转型的过程中，仅仅是 IT 系统的升级更新一项，往往就需要花费几千万甚至上亿元的投资。而且，数字化转型的改造周期长，效果还存在很大的不确定性，在这种情况下，还是要依靠"一把手"来做最终的决定。如果"一把手"愿意舍弃眼前的小利，从企业长期发展的角度出发，将所有的资源都集中起来，大胆地投入到数字产业的发展中，那么企业数字化转型的成功率将大为提升。

居然之家的董事长汪林朋曾说："数据是企业最重要的资产，是决定转型的关键，在资源分配上必须获得优先权，数字化部门必须获得人才和资源的优先话语权。"这里提到的优先权，无疑需要企业"一把手"的支持，才能让企业的大量资源无障碍地向数字化转型的部门流动。所以从资源使用方面来看，企业的数字化转型也是一项"一把手"工程。

四、协调多方利益

在数字化转型的实际执行过程中，往往会因为触及多方利益而很难推进，此时需要企业中最具话语权的"一把手"来做出最关键的推动，确保数字化转型的战略能够顺利推行下去。

之所以说企业的数字化转型会触及多方利益，是因为数字化转型是企业的全面性变革，需要引入新的技术、制定重大战略、重整工作流程，有时还会涉及企业的兼并收购等。数字化转型成功的关键不在于数字化，而是实现企业的全面转型，其本质是利益的重新分配，因此企业中大量涉及利益、权责分配的部分都会发生重大改变。

在企业经营中，任何改变都会引起员工的不适应，从而导致很强的抗拒性，这一点也适用于企业的数字化转型过程中。由于数字化转型是一个全方位、系统性的变化，涉及从最高层到基层的工作人员，因此受到的阻力一定不小。

数字化技术的运用，必然会改变员工习惯的工作方式，业务的重组也会导致各部门的利益矛盾。数字化转型中关键的数据整合工作需要打通各个部门之间的壁垒，这也是部分企业不好解决的问题。因此，企业数字化转型无疑会影响企业内部多方面的利益。这种错综复杂的利益冲突，若没有"一把手"的强力推动和支持，则不可能通过机制创新来平衡利益和协调矛盾，企业的数字化转型之路一定会更加坎坷。

第二节　从生态位角度出发设立数字化转型目标

生态位原理是传统生态学中的基本概念，由俄罗斯人格乌司提出，又称格乌司原理或者价值链法则。生态位原理最初用于研究生物物种间的竞争关系，主要指在生物群落或生态系统中，各个物种都有各自的角色和地位，即占据一定的空间，发挥一定的功能。处于自然生态系统中的物种，只有生活在适宜的微环境中才能得以延续，而随着有机体的发育，它们将具有改变生态位的能力。在生态位理论中还有一个重要论述：即亲缘关系接近的、具有同样生活习性的物种，不会在同一地方竞争同一生存空间。这一定律在企业经营中也是同样适用的，如果企业提供的是同质化的产品，那么将给同一市场区间内带来激烈的竞争，生存压力极大。

一、生态位与企业经营

生态位现象普遍适用于地球上所有的生命体，因此这一现象在人类社会中也是普遍存在的。这是因为，人类和自然界的其他生灵，有许多共通的特性，从自然界的生态位规律中，人类也可以找到自己在社会中的定位参考。比如，我们可以从自己的特长、经验、行业、社会资源等方面对自己进行社会定位。在企业经营中这一思路也是同样适用的，但是当企业家在归纳企业经营的成败时，常常会从资本、产品、市场等方面去寻找问题的根源，很少有企业家能够跳出这个圈子，从生态位也就是企业定位的角度来审视自身。本节尝试从生态位的新视角出发，来分析如何设立企业数字化转型的目标。

生态位的概念可以从两个方面来进行解读，一是自己所处的生态环境，二是自己所需要的生态环境。对于人类来说，我们所说的生态位环境既包括自然环境，也包括社会环境。自然环境包括气候、土壤、地形等；社会环境则包括文化、观念、政策等，如图 2-2 所示。人的个性受其所处的生态环境的影响和制约，会对其所执行的创业活动产生直接的作用，因此我们在分析人的生态位乃至于企业的生态位时，不能忽视了其所处的自然环境对其构成的潜在影响。

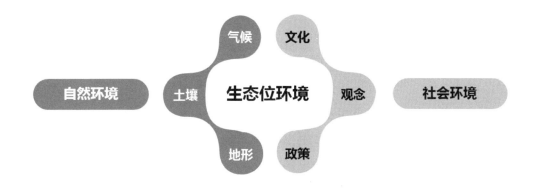

图 2-2　生态位环境的内涵

生态位理论对于当今我们探讨公司的发展策略与竞争规划来说，亦具有重要的参考价值。按照生态位原理中的描述，一种生物只能占据一个生态位，而且不会阻止其他生物的入侵。举个最简单的例子，我们常说一山不容二虎，意思不是说老虎不能到已经有老虎的山上去，老虎是自由的，哪里都能去，但是如果遇到了山上的另一只老虎，它们之间就会展开一场你死我活的战斗。在现代商业环境中，这就是最为常见的市场竞争行为。

当一家公司的一种产品刚刚进入市场时，通常是没有任何竞争对手的，这时我们就可以认为该产品占据了原始生态位，也可以称之为竞争前生态位。然而，只要该行业具备公开性和平衡性，一定会有竞争对手迅速涌入这个行业，从而使这个行业中出现了一定程度的"生态位重叠"。当该行业的市场规模较大，市场空间充裕的时候，同行业企业之间还能保持和平，但是当这个行业的市场规模被压缩到一定程度的时候，同行业竞争就会变得更加激烈。不管企业是大是小，都得像自然界中的雄狮和兔子那样尽全力飞奔，不然就会被市场竞争淘汰掉。

自然界中，肉食性的野兽往往会选择在不同的时间去捕捉猎物，以防止因争夺食物而出现死伤。在商业环境中也是一样，若是两家公司在同一时期在同一个领域中展开激烈的市场竞争，极有可能会出现两败俱伤的局面，而这样的结果对于任何一方来说都是没有好处的。

所以，尽管在市场上的行业竞争是不可避免的，但是，企业的竞争战略始终要遵守一条基本的规则：如果有机会，就要尽可能规避竞争对手的限制，防止两个企业之间的无意义的争斗，以免造成不必要的损失；如果企业间能够一起寻求发展，精诚合作，那么有可能会让发展速度成倍增长。就像美国著名谚语所说的那样："打不过的敌人就是朋友。"当代社会的企业竞争要尽可能地从"你死我活"的"争夺"转向更高层次的合作，由"单赢"转向"双赢"、"多赢"，这对很多企业来说都是有借鉴意义的思维方式。

二、减少生态位的重叠

处于市场竞争中的企业，实际上是乐于将还没有被其他竞争者所争夺的资源转移至生态位重叠情况更少的地方去发展的，因为那里的发展空间无疑更大。这种错开生态位的经营思路，最重要的核心就是充分发挥自己的优点，并以此来打造自己的独特之处，这是让自己的生态位避免被其他竞争者重合的关键，从而有机会在这个行业中获得最大的收益。

自然界是公平的，它为每个群体都设置了一个适合其成长的特定环境，即"生态位"。而且，每个生态位有某些独特的有利条件，这是该生态位物种得以生存的关键。在企业经营中，我们要找到自己的生态位，也就是找到企业特有的优势。了解企业自己的真实优势，是企业在竞争环境中站稳脚跟的首要条件。

比如说，一家中小型公司，如果没有实力和大公司竞争，那就别把自己当做猛虎了，可以把自己定位成猿猴，猿猴最大的优点就是灵活敏捷，从这一点延伸出去才能找到企业的生存和发展之道。中小企业具有快速反应和适应的能力，正如俗语说的"船小好调头"，这些企业往往比大型企业更容易接触到行业发展的先机。

作为一名企业的决策者，只要选择好了自己的生态位，那么无论做什么行业，都会取得巨大成就；如果总是找不准自己的生态位，那么无论从事什么行业，都很可能会事倍功半，甚至以失败告终，这就是眼光和决策的重要性。我们审视大量的企业经营案例，成功与失败的原因各有不同，但是在绝大多数的案例中，可以看得出生态位的得与失始终影响最终的经营效果。同等的资源付出，却因时间地点的不同而有不同的结果；同一个人的决策，在一开始虽然可以成功，但随着时间的推移又转向了失败，这些案例的背后都有生态位的影响。一家公司的成功与失败都有诸多因素，而生态位则是其中一个重要因素，只有把企业与社会、与环境的关系理顺了，才可能有长期的发展。

三、生态位与企业数字化转型的目标

好的企业并不一定是一年能挣几十亿、上百亿的企业，在现代企业经营中，昙花一现的企业不胜枚举，能长期生存、盈利的企业才是真正的好企业，这也是企业进行数字化转型的出发点和最终目标。在大自然中，衡量一个物种是否成功的标准，就是看它能够延续的时间，比如恐龙曾经是地球上当之无愧的霸主，可当它失去了自己的生态位之后，最终在地球上绝迹了。根据生态位理论来衡量一家企业的好坏，主要是看它能不能在激烈的市场竞争中活得更久。

衡量一家企业是否成功的核心标准并不在于实力是否强大，而在于其长期生存能力。以当前的行业发展趋势来看，企业的数字化转型升级是势在必行的，如果企业固步自封，未来十年极有可能会被快速发展的社会所淘汰。而企业如果盲目追求新市场的开发，脱离自身的生态位，追求不切实际的发展方向，将会给企业的发展带来更大的困难。

因此，企业在数字化转型的过程中，应该结合自身的发展优势，给企业进行产业结构的转型升级，延长企业未来的生存寿命。经得起时间考验的企业才是成功的企业，像通用电气、可口可乐等，都已经在行业中屹立了上百年，正是因为在发展中坚定选择了适合自身的生态位，及时顺应时代的发展潮流，充分利用了自身的生态位优势，才取得了企业发展的成功。

第三节　企业数字化转型过程中的组织准备

伴随着新一代互联网科技与先进制造业技术的不断发展，各行业都开始顺应潮流，向着数字化转型发展的目标大力推进，乘风破浪。不过，企业在打破传统发展模式、谋求发展突破的同时，也要对自身在数字化转型的进程中，很可能会触及的一些潜在的危险以及很易陷入的误区陷阱保持高度的警惕，未雨绸缪，提前做好企业数字化转型的组织准备。本节就来介绍企业数字化转型过程中组织准备的要点。

一、围绕信息技术进行组织架构

企业数字化转型需要围绕信息技术来进行。信息技术目前普遍应用于各个领域，它不但可以带来一系列的新技术，还可以促进企业硬件设施的规范化发展，推动企业软件的个性化发展，从而促使企业的管理制度、生产方式和产业结构等进行重组升级。对于企业经营来说，在众多不确定因素的影响下，企业内部的组织模式和生产方式将会发生更大的变化。因此，企业进行数字化转型的进程，就是一个信息技术与管理创新模式之间的联动，使公司的生产力与生产关系相互促进，从而达到螺旋上升、可持续迭代升级的整体变革。从数字转型工作的具体实施来看，就涉及一系列的变革创新，包括战略调整、能力建设、技术创新、模式转变等，需要企业围绕信息技术进行复杂的组织重塑。

二、优化企业的价值体系

企业经营的目的是创造和获取价值，任何数字化转型都应该以价值效益为中心进行，数字化转型的本质就是要促进其价值体系的优化和创新，持续创造出更多价值，激发企业的发展动能。企业在数字化转型的过程中，需要对体制框架进行重构，提升价值创造能力和保障支撑体系，从而能够以平稳的速度完成数字化转型的目标。

三、以数据为驱动开展数字化转型

在信息化时代，数据已经成了企业的关键生产要素之一。因此在企业数字化转型的过程中，可以以数据为驱动力促进企业内部组织结构的整体整合，从而提升整体的资源利用效率。以数据为驱动，围绕企业的知识、经验、技术等核心优势，让数据与之实现有机结合，从而增强企业的技术应用能力和创新能力，开发企业的数字化转型潜能。

四、组织变革的实现方式

组织变革的实现对企业的数字化转型具有重要的意义，在数字化转型的推进过程中，企业组织变革的重要性将日益凸显。全方位的组织变革是企业数字化转型过程中的必由之路。企业需要从运营模式、决策模式、管理模式到企业文化等方面进行全面改革，涉及从外到内的多个层次，包括外在的运作方式和决策方式的变化，也包括内在的经营方式和文化方面的变化，如图 2-3 所示。下面我们来讲一讲企业组织变革的具体实现方式。

1. 运营模式和决策模式的变革

许多企业对数字化转型十分重视，成立了专门的项目小组来推动数字化转型的工程，并把转型的成果扩展到企业运营的各环节中。然而，这样也会给企业的经营留下隐患，比如容易导致运营和项目之间的脱节问题。这是因为项目组只注重数字化转型的实现，而运营组只注重绩效的达成，二者在目标上的不同会导致在数字化转型项目实施的过程中很难实现配合。因此，在企业数字化转型实践过程中，为了保证项目的顺利推进，并最大化实现项目的价值，企业必须从运营模式的改革入手，让项目组和运营组能够相互配合，在数字化转型方向上同步发力。

图 2-3　企业组织变革的四个方面

具体到实践中，企业应把数字化项目的执行融入各部门的运营计划之中，使运营与数字化转型实现融合，从各部门的领导到普通员工，企业全体员工既要担负起数字化转型的责任，也要持续完成业务运营的任务。在这种融合性的运作方式中，可以确保数字化转型工程与企业经营目标的契合，而且还可以促进企业的经营管理方式向先进化、科学化转变。

在生产运行方式随着数字化转型而发生转变的背景下，企业的生产调度将会从过去依赖少数人经验进行集中决策的模式，逐步转向以模型优化和算法更新为核心的智能决策方式。通过使用智能决策的方式，企业可以把更多的决策权下放给基层员工，这就是"决策下沉"的过程，以激发员工的内在驱动力。这样一来，企业的决策过程被缩短，还可以让企业更加迅速灵活地处理各种紧急情况，从而更好地应对各种不确定性带来的风险。

2. 管理模式和企业文化的变革

通常，在企业数字化转型的早期阶段，管理者除了要身体力行地推动和实施数字化的改造工程，还要注重激发基层员工主动投入的积极性，督促落实。随着公司大部分员工都适应了数字技术的应用，企业的数字化转型进入中期阶段，此时则需要对经营方式进行相应的变革。

在企业数字化转型的过程中，管理方式转变主要表现为：企业中的领导和雇员之间的渐进性转变，即基层员工的角色从过去以高业绩为目标的"重复性劳动者"转变为以创新为目标的"数字化人才"；企业的领导者的工作目标将从过去负责经营成果，转变为负责持续创新和长期规划，通过创造更好的工作氛围，让企业各层次的员工在数字化业务中得以发展。企业的管理者从关注问题本身转变为关注发展机遇，从关注短期业绩转变为关注长期发展，从关注项目实施到关注企业创新，从关注员工工作成果到关注员工能力发展。随着企业领导者管理运营模式的创新，企业文化的核心将从工作业绩转变为业务创新，从而帮助企业实现真正的可持续发展。

案例：华为数字化转型过程中的企业文化变革

华为采用数字化转型手段实现企业文化变革是一个成功的案例。下面我们来分析一下华为的具体做法。

华为在数字化转型过程中，重视人才培养和技术创新，通过引进和培养大量优秀的人才，积极推动技术和产品的创新。他们注重数字化、信息化和智能化的应用，实现了管理方式的变革，并在组织结构、流程优化、信息化应用等方面进行了深度改革。这些措施让华为实现了企业文化的变革，让员工更具创造性和创新性。具体来说，华为采用了以下措施。

(1) 构建数字化平台，利用大数据技术提升企业效率和智能化水平，让员工更加高效地使用信息资源，提高工作效率。

(2) 推行"云计算+大数据"策略，优化企业业务结构和管理模式，实现企业业务线上线下一体化，增强企业的竞争力和市场影响力。

(3) 积极推动技术创新和人才培养，建立具有全球竞争力的技术创新体系，培养出一大批高素质的专业人才，为企业的长远发展奠定了基础。

通过以上措施，华为成功地实现了企业文化的变革，实现了数字化转型，从而提高了企业的竞争力和市场份额。

第四节　企业数字化转型过程中的管理决策

数字化转型的热度已经持续了很久，这一工程的优势开始被更多的企业管理人所认同。直观上，数字化转型可以为企业带来更低的运营成本、更多的数据收集、更好的资源管理、更优的客户体验、更方便的管理模式……但对于一家企业来说，进行的每一次变革，都要经过深思熟虑，因为每一项管理决策都可能会带来牵一发而动全身的影响。本节将探讨企业想要进行数字化转型，应该如何进行管理决策的问题。

一、决策前的基本分析

在这里我们先通过经典的 SWOT 分析(SWOT 分析法是一种企业战略分析工具，用来评估企业内部因素和外部环境对其经营业绩的影响。该方法将企业的优势、劣势、机会和威胁四个因素进行综合分析，以便企业能够确定自身的竞争优势并制订合适的战略计划)方式来举一个简单的例子，作为企业决策分析的一个参考。实际的决策中需要面对的问题数量太多了，无法一一列举，但是大体的思路是相通的。在开始进行企业决策之前，我们不妨通过下列问题来剖析企业的现状。

(1) 企业当前的经营优势有哪些？

(2) 企业当前的经营劣势有哪些？

(3) 企业当前可利用的机会有哪些？

（4）企业当前面临的威胁有哪些？

（5）如果实施企业数字化转型战略，能对回答上述四个问题带来哪些影响？

在进行了一系列的问题分析之后，我们可以得出结论，比如推进企业的数字化转型可以加强企业在某些方面的优势，可以将企业某些方面的缺点进行补足，或者可以将企业在某些方面的潜在风险降低到最低程度，等等。明确了数字化转型可以为企业带来哪些具体的提升后，可以向这一方面推进数字化转型的计划，防止盲目决策造成企业资源的浪费。

二、管理决策的设计要点

企业数字化转型的成功不可能一蹴而就，需要在不断的实践和探索中，规划出一条符合企业发展需要的数字化转型道路。下面我们从企业的顶层设计、基础巩固和价值驱动三个方面，对企业数字化转型管理决策的设计要点进行探讨，如图 2-4 所示。

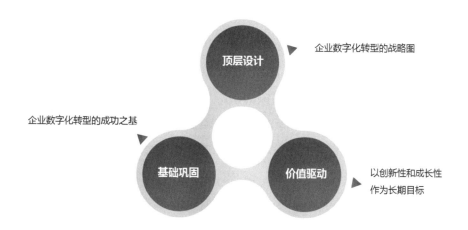

图 2-4　企业数字化转型管理决策的设计要点

1. 顶层设计——企业数字化转型的战略图

许多公司在进行数字化转型规划的时候，深深地感受到数字化项目所需的投入是巨大的，资金投入是其中的一个方面，时间投入也是不可忽视的巨大投入之一。不少企业管理者认为，数字化转型周期长，效果不好预计，不能明确转型完成后能给现在的业务带来多少提升。这种想法出现的根源是缺少中长期的数字化转型战略图，只着眼于企业的短期投入，而对数字化转型的长期规划认识不足。因此，全面的顶层设计是企业管理者进行管理决策的必要基础，对企业数字化转型战略的成功实施意义重大。

在制定企业数字化发展战略的过程中，必须坚持三条基本原则：一是要与企业的长远发展规划和企业的近期经营问题相匹配；二是要同时着眼于实际问题和新技术所带来的商业机遇；三是要面向整个企业制订计划，处理好企业内部的协作问题，避免部门之间的割裂问题。在实施企业数字化转型顶层设计的过程中，一方面，企业管理者要不断地对数字化转型的发展规划进行不断的调整；另一方面，要以商业成果对数字化转型工程的成效为标准进行阶段评估，以保证其能够达到既定目标。

2. 基础巩固——企业数字化转型的成功之基

许多企业的管理者在实施数字化转型时，往往忽视了对企业基础业务管理的夯实。"万丈高楼平地起"，要想做好数字化转型，做好企业基础业务才是最重要的基础。拥有坚实业务基础的企业，对于数字化转型的过程中涉及运营、管理和文化等方面的企业转变，会有更快的响应速度，也比较易于达成数字化改造的目标，因而在数字化转型战略实施过程中也就比较有保障。

不少企业都想要利用数字技术来提高自身的竞争能力，使公司变得更强大，因此才选择加入数字化转型的行列。但是，企业的管理者需要清醒地认识到，数字化转型并不是一剂灵丹妙药，不是对所有的企业都能发挥出最好的效果。只有当企业自身的业务基础牢固扎实，其发展形成了一定的体系之后，才能更好地发挥出数字化转型的优势。我们拿制造行业的企业为例，如果不把产品的生产工艺流程提升到高效的层次，即便是开展了数字化转型，也难以让企业的生产能力提升到更高的档次。因此，在企业执行数字化转型战略之前，需要先审视自身，将业务基础打牢后，才适合正式开展数字化转型。

把企业的业务基础与数字技术相融合，是实施数字化转型的重要一步，比如：企业可以将员工的生产性维护与视觉化管理等生产业务流程与边缘计算、知识图谱等数字技术相融合。通过这种方式可以提升生产车间设施的整体利用率指数，从而实现企业产能的有效提升。

3. 价值驱动——以创新性和成长性作为长期目标

在数字化转型的进程中，部分企业管理者往往会抱怨数字化工具的运用有时并不会对经营业绩起到多大的作用，但是这并不意味着实施数字化转型的战略对企业是没有意义的。这实际上表明了我国企业实施数字化转型时的价值驱动力不明显，同时对企业的组织文化等方面的重视不足，目光不够长远。

从价值创造和价值实现的视角来看，在企业的经营管理中，既要注重公司的经营绩效，又要注重以创新为动力的可持续发展。对待员工，不能仅从绩效一个维度来进行评价，也要注重员工能力的发展。唯有当企业与员工都能够得到发展的情况下，数字化转型的动力才能源源不断地产生。因此，在进行数字化转型的决策时，管理者要创造一个企业与员工共赢的创新体制，在提升员工数字化能力的同时实现企业的发展目标。

第五节　企业数字化转型过程中的资源调度

经过对大量企业数字化转型案例的考察，我们发现部分企业在资源调度方面会出现过于在意短期投入、长远规划不足、只重视技术升级、忽视员工培养等问题。往往这些问题会导致企业很难把数字化转型的工作进行深入性、系统性的思考与实施，不能发挥出企业资源的最大利用价值。本节将围绕企业数字化转型过程中资源合理调度的问题展开讲解。

一、资源调度的准备工作

企业在数字化转型过程中的资源调度工作需要提前做好充分的准备，以确保在转型战略的实施中发挥出各项资源最大的价值。企业数字化转型过程中资源调度的准备工作主要分为四部分，分别是盘点已有资源、确定实施顺序、设计转型路线和团队准备工作，如图2-5所示。

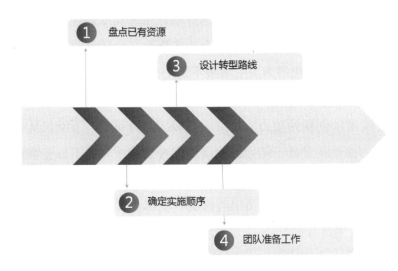

图2-5　数字化转型资源调度的准备工作

1. 盘点已有资源

具体来说，企业需要查清哪些设备已经实现了数字化，需要进行数字化的设备具体需要哪些数字化的系统配置和硬件设施等，比如物联网的入口配备、ERP系统更新等。如果企业要想尽快地开始数字化转型的工程，管理者必须在企业内找到操作优先权最高且最容易投入操作的转型区域。

2. 确定实施顺序

企业数字化转型的特征就是不能一蹴而就，可以分成一个个模块来分步进行，就好像爬楼梯那样一级一级地前进。现代信息技术都是可以持续在应用过程中进行升级、扩展和整合的，因此不必急于让企业的数字化转型一次成型。企业管理者可以向软件和硬件供应商查询有关数字化转型的资讯，让他们为企业数字化转型之路提供专业意见，确定企业数字化战略实施的合理顺序。

3. 设计转型路线

现代信息技术有一个很好的优点，就是它具有很强的可扩充性，并且能够迅速地根据需要进行调整和重组。因此，企业在设计数字化转型路线时应该侧重于增加运营的灵活性并有助于业务能力提升的内容。同时，在规划转型路线的过程中，还应考虑企业管理模式的转型策略，毕竟数字化转型不仅是技术转型的过程，同时也是人员和企业文化转型的过程。另外，公司也应该向那些了解企业真实需求的专业人员寻求转型意见，以便找到最科学、最贴近企业现实情况的发展路径。

4. 团队准备工作

运用信息技术可以降低重复性的工作，去掉许多冗余的工作，提升工作人员的工作效率，增强团队合作能力。但是，要想取得这样的成果，首先要获得员工对数字化转型的完全认同，正确的方式是管理者倾听员工的意见，解答员工所关心的问题，给予员工适应和调整的空间，使员工能够使用新的信息技术更好地实现工作转型。

二、数字化转型的资源投入

对于企业的数字化转型来说，最好的办法就是从上往下推进，这是因为数字化转型是以企业的技术提升为前提的，当企业的信息技术应用能力提升到一定程度后，才能逐步推进企业的其他经营活动进行转型升级，最终达到企业整体数字化转型的目的。由此，企业应该在以下几个方面进行数字化转型的资源投入。

1. 基础建设

企业的数字化转型需要将大量的资源用于基础设施的建设，在目前的 ICT 技术背景下，大型企业应建立自己的企业云，为数据存储、数据传输和数据处理做准备，而中小公司则具有更强的灵活性，可以选择建立自己的云计算平台，也可以选择租赁公共云平台，为数据处理做好必要的基础设施准备。

2. 软件系统

OA、ERP、CRM、HR、FOL…这些企业的中台都需要在数字化转型的过程中进行升级和重构，在此过程中应注意到不同系统之间的联系，这样才能更好地进行数据分析和数据应用。软件系统的更新有很多好处，但也有一个显而易见的缺点，那就是花费巨大。因此，企业需要从上到下、有计划、有步骤地实施软件系统升级的规划。

在进行数字化转型工作之前，首先要构建一个有效的推进组织，比如，一个数字化转型项目小组，其成员应该包括战略规划者、市场研究员、合规管理员、研发人员、IT 人员等，在项目小组的带领和监督下，可以组织多个部门开展数字化转型的工作。

3. 团队建设

资料显示：在 2022 年一年中，有 17%的公司都在进行着数字化改革的工作，这一比例不小。然而，在各企业数字化转型的进程中，是否每个人都会对此感到满意呢？这里包括了企业的所有人员，不仅仅是企业的管理者，还包括业务人员、技术人员、行政人员等。显然所有人的意见并不是一致的。因为在数字化转型的过程中，许多人都要转变自己的工作方式，转变自己的工作理念，这种落差可能会导致他们对数字化转型抱有抗拒的心理，但由于数字化转型又是时代发展的必然趋势，因此他们也不得不接受数字化转型的结果，这无疑为企业的数字化转型之路增加了一份压力。

即使是那些取得了一定成果的企业，在数字化进程中也不可能令大家都感到满意。因此，还在为进行数字化转型做准备的企业，应该更加关注这方面的问题，并跟随成功者的经验，想办法将这种问题减到最小。在企业数字化转型的过程中，应该尽可能地让整个公司的人都参与进来，这是转型成功的一个非常重要的环节。

案例：阿里巴巴集团在数字化转型过程中的资源调度

阿里巴巴集团是中国最大的电子商务公司，在数字化转型中采用了"云上战略"，即将所有业务转移到云上进行管理和运营。在这个过程中，阿里巴巴需要调度大量的资源，包括人力、物力、资金等。那么阿里巴巴是如何在数字化转型的过程中对这些资源进行合理调度的呢？下面具体介绍阿里巴巴集团的做法。

1. "一体两翼"调度资源

首先，阿里巴巴提出了"一体两翼"的战略，即将阿里云作为核心业务，同时加强大数据和物联网两个翼。也就是说，阿里巴巴集中精力将阿里云作为数字化转型的主要开发方向，通过数据和物联网来辅佐阿里云的发展，确保其数字化转型目标的实现。这样一来，阿里巴巴可以通过云计算、大数据和物联网技术实现更加智能化的管理和创新，提高市场竞争力。

2. 模型辅助资源分配

阿里巴巴采用了弹性计算模型，根据业务需求实时地调整计算资源，从而提高资源利用率。阿里巴巴还建立了一套全面的资源调度系统，通过数据分析和智能化算法来决定资源的使用和分配，确保业务的稳定性和可持续发展。通过数字模型的建立，阿里巴巴集团实现了在数字化转型过程中资源的科学合理调配，最大可能地提高了资源的使用效率，对数字化转型的成功发挥了重要的作用。

3. 灵活调动人力资源

除了集团的资金、设备等实物资产，阿里巴巴也很注重人力资源在数字化转型过程中的合理利用。阿里巴巴集团通过转岗和跨部门交流学习的方式来充分利用员工的专业技能和知识储备，同时还鼓励员工自主学习和创新，为数字化转型提供更多的人力支持，促成了数字化转型的顺利进行。

通过这些措施，阿里巴巴成功地完成了数字化转型，并在行业内占领了数字化改革的领先地位，这家集团的数字化转型资源调配十分值得我们参考和学习。

三、资源调度容易陷入的四大误区

近年来企业进行数字化转型已经成为热潮，人工智能和大数据等数字化技术在各行业中得到了广泛的运用。然而，企业数字化转型并不是一片坦途，比如在资源调度方面很容易陷入以下三个误区，耽误企业数字化转型的进程。

1. 长期规划不足

很多企业只关注于眼前的投资计划，而没有为长远的发展规划提供资源方面的支持。如果企业陷入了这样的资源分配误区，那么会导致企业的数字化转型项目与当前的经营目标之间存在错位和脱节，数字化转型的实际运用价值往往很难体现出来。数字化转型战略的执行周期较长，且效果不确定，中短期内无法看到收益，从而导致员工对数字化转型产生了质疑，对转型的实施形成了阻力。

2. 忽视实际效益

在整个数字化转型的过程中，很多公司把注意力放在对技术的升级上，而忽视了在实际效益方面的考察。企业发展以及进行数字化转型的目的，都是提升企业的生产能力、运营能力、管理能力，最终提升企业的盈利能力。如果企业陷入了忽视效益的资源分配误区，会导致盲目追求数字技术的升级，却不能有效地给企业带来实际效益的提升。企业需要深思这些问题，找到效益提升慢的根本原因。

3. 人才培养缺失

在企业实施数字化转型时，不能忽视了对员工数字素质的培养和提高。缺少对人才培养的投入，往往导致在一线执行计划的基层员工只是数字化转型系统中的看客。他们不仅不能提出高品质的项目建议，也难以履行好数字化转型后的岗位责任，这就会间接地造成数字化转型项目耗费的时间过久且效果差的问题。在数字化转型完成之后，底层的人员还没有完全地掌握这些新型的数字技术，在心理上也不情愿去接纳这些技术，从而使企业不能高效地进行系统的迭代升级，对企业发展造成负面影响。

第六节　企业"一把手"对数字化转型的风险考虑

企业管理者通常认为，数字化转型在机遇中也伴随着巨大的风险挑战。在企业数字化转型过程中究竟存在着什么样的挑战呢？其中最可能存在以下三种风险：一是成本巨大；二是推进困难；三是流程冲突。本节就结合案例来具体分析一下，企业的"一把手"在数字化转型过程中是如何考虑风险问题的。

一、数字化转型的风险

数字化转型的风险主要是由三大问题带来的，分别是数字化的成本问题、项目的推进问题，以及流程冲突和利益冲突问题，如图 2-6 所示。

图 2-6　数字化转型中的三大风险

1. 数字化的成本问题

管理者是需要为成本费用承担责任的人，其最关心的就是数字化转型的费用与投资产出比例的问题，尤其是在疫情影响下的特殊情况，他们无法承受转型失败带来的巨大风险和损失。

数字化转型的过程是十分复杂的，仅仅建立一个数字化系统还远远不够，很多时候它还会涉及很多管理机制和业务流程方面的问题，而在公司进行数字变革的时候，可能原有的工作内容就会受到影响，整个企业很可能会处于一种比较混乱的局面，需要一定的时间进行调整，这也是在数字化转型过程中必须要考虑的问题。

在此背景下，企业的管理者应进行主动调节。比起被动等待，不如主动出击。进行数字化转型，并不是只为了提升盈利能力，更多的是由于在将来不进行转型可能会付出更大的代价。因此管理者在明确了企业为什么要进行数字化转型的根源之后，对企业数字化转型的理由和目标都会更加明确，不会被暂时的得失绊住。

2. 项目的推进问题

数字化转型项目的推进也是在实施过程中不容忽视的一个主要问题。负责数字化转型的主管部门，可能会在数字化转型项目的推进过程中遇到重重阻力，影响转型战略的效果。

数字化转型的工作涉及企业中的多个部门，所以想要达成一致并不是一件容易的事情，需要由企业的"一把手"作为数字化推动者来推动。把数字化转型推向一个新的高度，并不是一件容易的事情，因为需要把企业过去的经营框架打破，开发出新的模式、新的流程，而且目前还很少有成功的经验可以供企业直接复制使用，这些都需要在企业数字化转型的实践中去慢慢地尝试。

在推进数字化转型的过程中，最重要的是企业内部的思想交流。在不同部门交流的时候，员工的思想不统一，所以每一次交流都是在修正错误的认知，不断地向正确的推进方向一点点地靠拢。企业在数字化转型的过程中需要做好不断交流和调整的准备，在不断的沟通和调整中实现数字化转型的目标。

3. 流程冲突和利益冲突

数字化转型必然会涉及企业基础架构方面的变动，比如说业务流程就是最显著的变动，而且这一变动对提高公司运作的效率非常关键。以制造业企业的运营数据为例。企业可以根据这些运营数据，找出设备在运转过程中存在的问题，但是在实践中经过对数据进行验证后，我们可以看到有许多运营数据在输入的过程中就出现了问题，导致最后达不到管理的目标。这一问题是系统问题和管理问题两个方面的缺陷共同导致的。这些大部分是企业的历史原因留下的问题。根据这些错误的数据得出的结果自然不可靠，在实际中没有意义，转型的效果无疑很差。

所以，最直接的改进办法就是对数据输入过程进行改善，但是，要想将这些流程都处理好绝不容易，因为这会影响到企业运转的整个过程，哪怕是在数据输入的流程中更改一个环节，对大量的基层人员来说都可能会带来巨大的变化。并且，在基层工作人员看来，这种变化极有可能与其利益产生冲突，例如在完成了数字化转型之后，他们必须调整自己的工作方式，这会带来种种不便。因此他们会抗拒数字化转型，由此企业推进数字化转型的难度也会变大。

二、企业数字化转型的破局思路

尽管每一家企业在数字化转型过程中所面临的主要困境具有很强的共性，但是，每一家企业都是独特的商业个体，因此，每一家企业的破局思路和具体实施路径会有很大的差异。既没有一个统一的方法论，也没有一套可以直接复制的经验指导企业避免数字化转型的失败。但是，从一些成功的案例中，我们可以发现一些破局思路。

数字化转型并非一朝一夕之功。剧烈的转变也会带来更多的风险。事实上，根据企业对数字化转型的应用程度，可以采取一种渐进的转型方案，来帮助企业从数字化第一代逐渐进化到数字化第 N 代。下面我们来看看美的品牌的数字化转型的破局思路。

案例：美的的数字化转型破局思路

美的的数字转型至今已经走过了十个年头：2012 年，重新构建了 IT 体系，解决了数据的一致性问题；到 2015 年，建设智慧工厂，建立数据平台，实现体系的移动化；2016 年，推进 T+3 转型，打通产销链条，以零售为导向，缩短每一次循环的时限，提高生产效率；在 2016 年之后，要构建起一个工业互联网，实现完全的数字化、完全的智能化，用数据来驱动商业运作。从那以后，美的开始向数字化转型，从硬件到软件，通过"数字孪生"的方式，让生产变得更加灵活、更加精细。美的总裁方洪波表示，未来有一天，当公司的价值链被高度数字化后，所有的工作流程、工作方式和商业模式都会发生变化，再加上智能技术的推进，美的未来的互联网技术和数字化程度将会持续提高。

案例分析： 从美的的数字化转型案例中，我们可以看到其采取的是一种渐进式的数字化转型方式。在企业计划进行数字化转型的过程中，已经考虑到了在转型过程中可能遇到的风险，因此先在数据方面做好了基础性的准备，再循序渐进地打造数字平台，建造智慧工厂，一步步深化、细化数字化转型的进程，把控好了每一个步骤中的风险，从而实现了品牌平稳地进行数字化过渡的目标。

总结来看，美的数字化转型的破局思路主要包括以下几个方面的内容。

(1) 建设数字化基础设施。打造强大的信息技术基础设施，包括云计算、大数据分析、物联网等技术。这将提供数据存储、处理和分析的能力，支持数字化转型的各个方面，是实施品牌整体数字化转型的基石。

(2) 提供数字化产品和服务。通过与智能技术的融合，不断创新产品和服务。例如，美的通过积极开发智能家电、智能制造系统等，不断提高产品的智能化水平，满足消费者不断变化的需求。此外，通过数字化技术和平台，提供个性化、定制化的服务，进一步提升用户体验。

(3) 建立数字化营销和销售渠道。美的在营销方面的数字化转型战略主要是借助互联网和社交媒体等渠道，扩大品牌曝光度和用户覆盖范围。通过数据分析和精准营销，使用数字化的手段拓宽营销范围，提高营销效果和销售转化率。

(4) 加强供应链数字化管理。美的通过数字化技术，对自身供应链的各个环节都进行了优化，包括原材料采购、生产计划、物流配送等，提升了产品的生产效率和准时交货率等，加强了供应链对品牌的保障。

这些破局思路旨在通过数字化技术的应用，提升效率、降低成本、改善用户体验，推动美的品牌实现数字化转型，并在竞争激烈的市场中继续保持自身的领先地位。

三、应对数字化转型风险的方式

1. 制定合理的数字化转型方案

可以说，只要数字化转型过程中的组织、机制和流程都扎实地建立起来了，就等于是完成了转型战略的一半。然而大部分以失败告终的数字化转型战略，并不是因为哪个系统建立得不够好，也不是因为数据的输入不可靠，而是因为数字化转型的规划与企业的实际情况不符，管理者对企业数字化转型后的业务运作过程的认识还不够全面。

此外，数字化转型的牵头部门面临的压力是最大的，因为需要解决好企业内部所有部门的业务需求，带领它们进入新的业务领域、新的数据环境以及新的机制体系。对于不同部门的业务和数据，牵头部门即便都接触过，但也很难做到对每一个部门的情况都有深入的了解。而数字化转型的计划还有很高的全局性要求，做到在整个公司中提供跨部门的数据支撑，这一目标的实现无疑更加困难。

因此，对企业数字化转型的牵头部门而言，必须要对新的业务、新的数据进行深入的了解和学习，并能够将这些新的业务与新的数字技术联系起来，用数字技术对新的业务形成最基础的支持能力。所以，企业在建立数字化转型牵头部门的时候，最好要确保工作人员具有不同的业务专长、拥有较强的业务掌控能力和数字技术的实际操作能力，这样就可以将早期的沟通成本降到最低程度。企业也可以找有成熟数字化转型经验的公司合作，避免在转型的过程中浪费过多的资源和精力。

2. 利用好数字化工具

数字化的管理工具是企业实现数字化转型的重要基础，必须具有可使用性、可修改性、可整合性、强时效性等特点，便于企业在数字化转型的过程中持续不断地对数字化工具进行使用、调整和优化。但是对于企业的技术部门来说，这几种特性很可能会带来重大的挑战，特别是在可修改性和强时效性方面的要求。俗话说，隔行如隔山，数字化转型的技术融合发展让不同部门的交流大量增加，在这个过程中发生的变化和修改也大量增加，一旦涉及重要问题的修改，往往需要从头再来，重新设计数字化工具，给技术部门的工作带来了很大的困难。

在这个快速变革的时期，对许多公司来说，数字化转型的这种高度的不确定性会带来较大的风险。企业在进行数字化转型的过程中，需要增强抵御风险的能力，提高快速分析和执行的能力。而随着时间的推移，越来越多的公司开始意识到，只有利用好数字化工具才能有效地提升企业的核心竞争力，因此，尽管在这一过程中面临种种风险与挑战，企业也需要坚定不移地执行好数字化转型的计划。

第三章
一份企业数字化转型的"作战地图"

了解了数字化转型的本质以及数字化转型对企业的必要性之后，相信读者心中已经有了数字化转型的蓝图。但是如果没有具体的实施计划，企业管理者的心中肯定还不太踏实。的确，企业的数字化转型是个复杂的系统性工程，需要有计划地推进这项战略计划，本章将带领读者来制作一份企业数字化转型的"作战地图"，帮助读者理清数字化转型战略的实施思路。

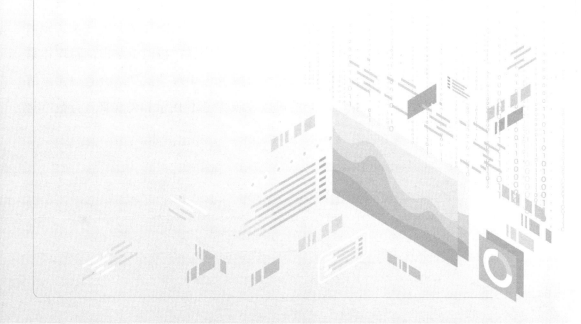

第一节 企业开展数字化转型的施工次序

在企业数字化转型中战略的实施过程中，许多企业的管理者和数字化部门的主管，都会步入按照部门和职能划分来执行的误区。比如，企业的 HR 负责实现人力招聘的数字化，财务部门负责记账的数字化等，乍一听感觉很合理，但在实践中往往容易碰壁，因为企业数字化转型是一个整体性的过程，不可能割裂地进行单一部门的数字化，如果按照这样的施工方式来进行企业的数字化转型，将来一定会遇到瓶颈。那么企业应该如何确定开展数字化转型的施工次序呢？

在企业进行数字化转型的过程中遇到种种问题是正常的，而如何安排处理这些问题的顺序，就是数字化转型的施工顺序。从企业的实际经营角度出发，实施数字化转型最先关注的会是企业的经营目标，也就是与企业业务直接相关的部分，例如，企业的客户、合同、产品等。企业的管理者想要管理什么，想要让什么业务给企业创造更多的价值，就可以围绕这个中心开始实施数字化发展战略。

那么，在企业进行数字化转型的规划时，到底是先处理比较复杂的问题，还是先找到突破口完成从一到零的突破？总体来说，比较适合大多数企业采取的数字化转型施工方式是先进行统筹规划，按照先易后难的次序一步一步推进数字化转型的进度，先做数字化转型的增量任务，再把企业过去的存量业务逐步实施数字化转型；先从企业的营销部门进行数字化转型的尝试，再做企业内部管理体系的数字化转型，这样有利于企业在不断的尝试和探索中逐渐找到适合企业实际情况的数字化转型方式。具体来说，企业可以按照图 3-1 所示的思路来进行数字化转型的施工。

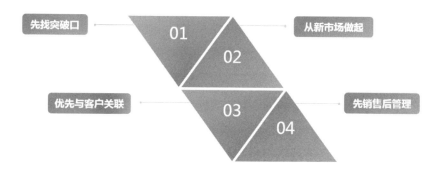

图 3-1　企业数字化转型的施工次序思路

一、先找突破口

企业迈出数字化转型的第一步，需要寻找适合的突破口，完成一次成功的数字化转型尝试。这里推荐从涉及部门和人员少的项目做起。因为数字化转型本来就是一项复杂的综合性工作，牵扯的人数越多，就越难完成，而且也越是容易出现失误。因此企业在进行数字化转型的第一步时可以从比较容易进行的部门入手，将其作为数字化转型的一个试验项目，先积累一定的转型经验。

许多企业都会选择在一个特定的范围里进行数字化转型的试验，试验只会涉及少数部门中的少数人，这样比较容易把控，一旦失败了损失也比较容易承受。有的企业会直接悄无声息地试验，等取得了一些成果之后，才会将数字化转型的项目进行大范围的推广，这种方法在企业数字化转型的早期的时候更容易进行，成功的概率更高。

二、从新市场做起

企业进行数字化转型的整体思路是先做增量业务的数字化转型，再回过头去做存量业务的数字化转型。例如，在企业开拓新的市场时进行数字化转型的尝试，或者在要开拓新的顾客群体的时候进行数字化转型的尝试，还可以从新的部门人员开始尝试进行数字化的转型。在进行转型的时期，可能许多企业都很担心会引发收入的下跌，但是如果从企业的增量业务开始尝试数字化转型，就不存在上述的问题了。如果在增量业务的尝试中总结出了比较好的数字化转型的方式，再应用到企业过去的存量业务上，可以降低转型过程中收入大幅度下降的风险，帮助企业进行平稳过渡。

案例：小米公司在新市场进行数字化转型的成功实践

小米在 2010 年成立，最初只是一个以销售智能手机为主的电子商务平台。然而，随着智能手机市场的饱和和用户需求的变化，小米开始实施数字化转型，把目光投放在了新市场领域的拓展方面，最终取得了成功。

小米推出了自己的智能生态系统，包括智能手机、智能家居和其他智能设备，形成了一条完整的"米家"智能设备产业链。小米智能设备产品类型众多，涵盖了智能家居、智能穿戴、智能电视、智能音箱、智能家电等领域。以下是其中的一些代表性产品。

(1) 智能家居。小米智能家居产品包括智能摄像头、智能插座、智能灯具、智能门锁、智能家庭助手等，能够实现语音控制、智能联动等功能，提升家居生活的便利性和智能化程度。

(2) 智能穿戴。小米智能穿戴产品包括智能手环、智能手表、智能体脂秤等，能够实现健康监测、运动记录、智能提醒等功能，帮助用户管理健康和生活。

(3) 智能电视。小米智能电视采用 Mstar 6A908 芯片，搭载小米电视系统，能够实现智能语音控制、影音娱乐、智能家居控制等功能。

(4) 智能音箱。小米智能音箱采用小米 AI 智能语音助手，能够实现语音查询、音乐播放、闹钟提醒等功能，搭配小米智能家居设备，还能实现智能家居控制。

(5) 智能家电。小米智能家电产品包括智能空气净化器、智能电饭煲、智能电水壶、智能扫地机器人等，实现家电的智能化控制，提高家电使用的便利性和舒适性。

以上仅是小米智能设备产品类型的部分代表，小米公司一直在不断扩展和创新产品类型，以满足用户的需求。小米在拓展新市场的过程中主要采用了降低成本的策略，通过在线销售和社交媒体营销来推销产品。同时，小米注重用户体验，通过开发个性化产品功能和提供优质服务来吸引用户。这些努力产生了积极的结果，小米逐渐成为中国智能手机市场的佼佼者，并成功将其业务拓展到全球市场。小米在 2018 年实现了上市，市值超过 500 亿美元。

案例分析： 小米数字化转型成功的原因在于其对市场的洞察力、对技术的应用和对用户需求的反应。当小米意识到除了在智能手机领域，还可以在智能家居领域发力后，果断采取了一系列行动，积极地拓展自己的新市场领域。小米通过不断创新和优化，积极适应市场的变化，使其产品一直保持竞争力，在多个领域拓展市场，最后反哺了企业最初的智能手机制造领域的发展。同时，小米也注重用户体验，不断改善服务，赢得了用户的信赖和支持，让企业的口碑和声望更上一层楼。

三、优先与客户关联

很多行业的企业不仅与客户直接关联，也会与各种渠道公司关联。比如既做零售业务，也做分销业务等，在数字化转型的过程中就需要对这两个方向的施工先后顺序进行规划。相对来说，在企业与渠道公司对接的业务开展数字化转型的难度会更大，而与客户对接的业务更加容易进行数字化的转型。在企业数字化系统的开发方面，很多数字化工具的应用状况不尽人意，往往与企业的业务场景不完全符合。不少实力不足的企业也很难自己开发适合内部使用的数字化系统，但是如果只考虑客户服务方面的数字化工具使用，一般很快就能收到成效，此时等到企业的数字化工具在客户服务方面应用成熟之后，再进行企业间业务的数字化转型就相对容易了。

四、先销售后管理

企业营销团队的数字化转型，也是整个转型战略中非常重要的一环，企业营销团队适合先进行数字化转型的尝试。当然,企业的内控管理同样需要数字化的帮助,然而当数字化转型真正运用到企业管理中的时候,往往容易遭到来自各个部门的阻力。只有拥有铁腕和坚定意志的管理人才能做好企业内控管理的数字化转型。相对来说,销售业务的数字化转型是更加容易实施的,尤其是当业务经营得越好,后续在内控管理中推行数字化转型的战略就越容易。企业可以先利用数字技术,来帮助解决营销团队的工作问题,创造更多的销售业绩,然后再转回到企业的内控管理方面进行数字化的转型。一般来说,这样推进可以让数字化转型的任务推进得相对容易一些。

上述所说的这些数字化转型的施工顺序都是在企业实践中最基本的思路,在具体运用时要与企业的实际情况相结合。只有最合适的施工次序,没有最好的施工次序。只要企业在推进数字化转型的过程中始终明确核心目标,围绕着核心项目来进行推进,将所有问题逐一解决,最终就能实现数字化转型的目的。

第二节　企业如何用数字化平台沉淀能力

在企业进行数字化转型的过程中,建立一个数字化平台是实现数字化系统建设的一个关键环节。通过平台规划、平台设计和平台开发等一步步操作,从而形成一个可以促进企业高质量发展的数字化智慧平台。本节将为读者介绍如何搭建一个企业的数字化平台,并利用这一平台来提升其沉淀能力。

一、建设数字化平台的方法

1. 平台规划

企业建立数字化平台之初,必须有一个清晰的定位,制定具体的建设计划。在企业管理者对数字化转型的方向具有清晰认识的前提下,以数字化转型的策略为参照，根据公司的业务需要，绘制出构建企业数字化平台的基本框架，并在这个框架的依据上，对其进行相应的资源投资，填充框架内部的内容。

2. 平台设计

企业数字化平台的系统主要可以分为应用层、平台层、基础层和数据层四个部分。首先，应用层作为企业数字化平台的前台应用，应该以用户为中心，以市场为目标，对现有业务系统进行集成和覆盖，包括企业的生产、管理和运营等多个环节。数字化平台的平台层应包括人工智能、大数据、物联网等多个领域的内容，能够实现企业的资源共享使用；基础层则旨在提高企业运营和管理的效能，应包含云平台、全网数据访问的基础架构和网络；数据层需要保证企业的数据源可以得到充分的采集、分析、挖掘、存储和应用。这四个数字化平台的层次组成了完整的数字化平台的结构。

3. 平台开发

企业数字化平台的开发可分为四个不同的方面。第一，面向应用层面的组件式业务前台，这里的业务前台包含但不局限于业务处理平台、客户服务平台和组织调度平台等；第二，应用人工智能和区块链等前沿技术，对平台层面的有关模块进行设计和研发；第三，对光纤传输、无线传输和公共传输等多种信道的网络数据访问进行研究和开发；第四，对面向企业应用的数据资源的业务化应用进行设计与建设。

二、企业数字化平台的运营方式

企业可以从应用级、平台级、业务级三个层次来进行数字化平台的运营，并进行分层开发、分层管理，保证数字化平台运营的科学性和稳定性，如图3-2所示。

1. 应用级运营

应用级运营主要是指在软件层面的开发和反复优化。在数字化平台的运行中，企业应重点关注"建运一体"与"数据驱动"两个层面。首先，构建以运营过程、运营方法、运营系统为基础的数字应用闭环管理模式，并以此为基础，实现数字软件的灵活发展与可持续迭代。其次，根据使用者的反馈，选择适合的数据指标，运用大数据、云计算等手段，进行即时监控和分析，不断地与行业内的标杆进行对比，对企业数字平台进行更新和改进，提高使用者的感受。这就是企业数字化平台应用级运营的方式。

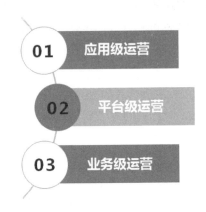

图 3-2　企业数字化平台运营的三个层次

2. 平台级运营

所谓的企业数字化平台的平台级运营，主要是在数字化平台模型、算法和组件等技术能力上进行不断的沉淀和提高。公司应坚持"公平开放，共建共享"的经营思想，制定出一套数字化平台组件开发、接入和调用的标准，同时构建出一套对分享服务组件运行的奖励和惩罚的制度，激励企业内外人员在一个统一的数字化平台上进行对分享服务组件的开发和创新。在平台级的运营中，企业可以将具体业务应用沉淀到共享服务平台中，逐渐构建出一个共建共享的平台运行生态环境，最终打造出一个良好的运营循环体系。

3. 业务级运营

企业数据平台的业务级运营，需要以数字化平台为基础，对企业的经营过程进行重新塑造和迭代。以数字化平台作为基本的支撑，对企业业务进行全面的整理与拆解，从而可以对其进行有效分解，抽取出可共享复用的业务环节，将其制作成数字化平台中可调用的服务构件，最后将其以构件形式在业务平台进行重组和共享。通过这种方式可以构建出可弹性装配的业务流程，从而对前端的快速变化的用户需求做出灵敏的反应，智能化处理用户需求。

三、如何用数字化平台沉淀企业能力

数字化平台的建造可以对企业能力起到沉淀和提升的作用，具体如何实现，我们可以通过一个案例来进行说明。浩鲸科技公司打造的"鲸云平台"就是一个比较成功的数字化案例，下面我们来介绍这一案例的情况。

浩鲸科技公司认为，城市需要有智慧型的头脑，让管理者能用一部智能手机就可以对整个城市进行管理，企业用一部智能手机就可以获得政府的各项政策和各种物资，公民用一部智能手机就可以体会到来自城市的温暖感和安心感。基于此理念，浩鲸科技开发了"鲸云平台"，为城市数字改造提供了技术和管理系统的支撑，为城市管理、民生服务、产业经济等三个方面沉淀了企业的业务能力，为城市的可持续发展做出了积极的贡献。浩鲸公司与中山小榄镇政府就建设"新智造"的数字改造智能服务平台，签订了战略合作协议书。浩鲸公司将利用人工智能和大数据的优势，帮助小榄镇实现产业融合，提高该地区整个行业的生产效率和制造水平，为"小榄智造"树立品牌效应，为智能生产的模式打造了一个良好的范本。

 ## 第三节　由数字化平台到开放的创新生态圈

当企业的数字化转型进行到中后期的阶段后，可以携手各合作企业共同构建创新生态圈，把物联网、人工智能、边缘计算、5G 网络等前沿科技进行组合应用，发挥出更强的数字化能力。企业的数字化创新生态圈可以在工业制造、基础设施调控等领域发挥出更加强大的作用，能够提升企业的核心创新能力。本节介绍企业如何通过数字化系统的建立和联通，与各行各业的合作企业一起共塑数字化创新生态圈。

一、物联网等数字技术与创新生态圈的形成

物联网技术的意义在于可以融合现实世界与数字化世界，这项技术在企业数字化的应用中将成为创新的新起点。物联网技术主要在工业制造和交通运输等领域具有比较显著的优势，因此成了这些领域企业的主要发展方向。

企业在发展数字化物联网技术的时候，会构建起数字与现实之间的互动，建立起一套完整的"数字孪生"系统，也就是一套与现实世界一一对应的数字化世界。在此基础上，结合人工智能、工业云、边缘计算、5G 等新兴技术，充分发挥数字化的应用潜力，使企业数字化的技术能力得到进一步提升，如图 3-3 所示。

图 3-3　创新生态圈中的主要数字技术

当前，物联网技术也已深入到各行各业中产生效用，数据、流程与商业模型的结合正在产生越来越多的规模效益，这就是未来形成创新生态圈的重要基础。随着产业发展经验的增加，物联网技术将会继续快速迭代，为各阶段、各规模的

产业提供完整的数字技术服务。以物联网技术为依托，各行各业将构建起产业创新生态圈。

二、从数字化平台到数字化生态

近年来，高新技术公司在世界范围内迅速兴起，对我国的制造业造成了很大的影响，这些制造业企业正在积极地进行着数字化转型。其中，有三个方向是数字化转型的主流：一是机械类生产过程向以人工智能为基础、多个数字技术领域相结合的方向转变；二是利用纳米材料、精益制造、生物制造等先进技术，建立智慧制造基地；三是基于上述两个发展方向，构建一种融合了产品、数据、体验、服务、平台的新型业务平台。

我们举个例子来说明数字化生态的构建，例如智慧交通物流是现代社会企业物流发展的主要方向之一，通过物联网技术，企业的智能化物流控制体系可以使物流网络连接效率提高。随着完成数字化转型的企业数量的增加，未来的交通物流行业将会发生翻天覆地的变化，以 AI 为核心的技术支持将会构建起行业内的开放创新生态环境，不过对于大多数企业来说未来还有很长的一段路要走。"用得起、用得好"是企业数字化转型以后的发展趋势，也是企业为之而奋斗的目标。

当前数字技术正在为智能运输产业带来新的发展机遇。其中，车路协作 V2X 技术就是实现智慧交通运输中的一个关键技术。V2X 技术是智能网联汽车中的一项技术，可以将物联网、云计算、大数据等 IT 技术与常规交通控制方式相结合，从而在实时交通数据的统计和处理下，为用户们带来一种可以进行信息交互的使用方式，具备高度的系统性、实时性、信息交互性和广泛的业务范围。车路协作技术可为用户提供实时、精准的交通事故报警、转弯警告、车道旁危险警告、拥堵规避等交通信息，从而提升城市交通的运营效能，提升城市交通的安全性。

案例：红豆集团的数字化转型与数字化生态建设

新一轮的科技革命和产业变革正在如火如荼地进行着，而数字化转型则是在危机中寻找机遇的一个手段，同时也是经济社会发展的一种趋势。近几年来，红豆集团积极响应数字经济的发展趋势，致力于推进产业数字化、数字产业化，并将数字技术与企业的生产经营活动的各个方面进行了深度融合，对传统的工业模式进行了改造，提高了企业的核心竞争能力。在销售端，利用大数据来实现精准营销；在生产端，积极地建设智慧车间，利用数字化应用来提升产品的研发水平。

在红豆集团持续推进产业数字化改革的同时，数字化生态平台的构建也进入了快速发展的轨道，红豆集团成立的江苏红豆工业互联网有限公司以其在智能资讯领域的研究与开发经验，拥有从低端至高端的完整的智能化解决方案，先后获得了工信部颁发的"特色专业工业互联网平台""无锡市十大数字化解决方案提供商"的称号。红豆集团从服装制造，逐步拓展了新能源汽车制造、智能化车间建设等领域的业务，均取得了很好的效果。下面来具体介绍红豆集团是如何进行数字化转型和数字生态建设的。

1. 围绕 MEC 打造数字化平台

红豆集团牢牢把握了数字经济发展的新机遇，借助工业互联网，为"智慧红豆"提供了坚实的后盾。红豆集团认为："拥抱数字化，让我们的服装更'懂'人。"数字技术的赋能，在红豆股份有限公司男装品牌的不断提升中，起到了举足轻重的作用。红豆集团从针织内衣起步发展，逐步将业务拓展到纺织服装、橡胶轮胎、红豆杉大健康以及商业地产等领域，目前纺织服装仍然是红豆集团重点发展的领域，例如男装、家纺、童装等都是其中的重点业务。红豆工业互联网公司针对红豆男装设计的"5G+纺织服装工业互联网"模式，以 MEC 作为"锚点"，建立起服装行业"云管边端业"五位一体的协同发展模式，满足 5G 个性化定制对服装行业的要求，迅速实现"点对点"的服务，帮助企业提高了 20% 的生产效率，减少了 10% 的成本，提高了 100% 的快反能力，取得了显著的成效。

2. 建立能源管理碳云平台

红豆工业互联网为红豆集团下属的通用股份开发了一个"能源管理碳云平台"，它是指在能量管理系统的基础上，建立了一个能够显示生产车间当天的电力消耗、蒸气消耗等数据，并且能够计算出标准煤、单条轮胎的每千克碳排放量等数据的平台。该平台对该厂的峰谷、平谷时段能耗，主要生产线能耗等进行了实时的数据收集与监控。能在现场一屏查看全局，实现可视化数字化管理。碳云平台的建设不仅对红豆集团原本的生产制造有所帮助，也为集团拓展其他领域的新业务打下了良好的基础。

3. 仿真数字化技术工厂

"AR/VR 模拟及数字孪生工厂"是红豆公司数字化转型的一项重大工程，利用数据的实时采集，实现了现实车间和虚拟车间的相互融合，相互驱动，相互补充，从而减少了车间管理者的工作盲区，提升了管理的准确性，降低了控制的成本，实现了生产过程的透明化和过程数据的价值化。这一项目在红豆集团的生产车间进行了大面积的实施，其数字化的场景应用使得车间管理发生了质的变化和提升。

4. 红海云服务

"红海云"是红豆集团开发的智能云平台，作为中国新一代 HRM 集成服务平台，红海云使用的"红海 EHR"技术打破了 HRM 各功能模块之间数据分割的局限，对 HRM、员工管理、策略规划等 12 个主要模块，超过 100 个功能进行了整合。在此基础上，红海云建立了 API 开放平台、自动化运营平台等，提供了一种全新的、灵活的、可持续发展的新数据服务模式。

目前，"红海云"已经成功地服务于华北、华东、华南、西南等区域，帮助了上千家中、大型企业，涵盖互联网、房地产、金融、医药、教育、汽车、物流、新零售等领域，其中与红海云合作的知名企业有中国银行、保利地产、石药、以岭医药、科兴生物、中金珠宝、华宇、祥源、雪松、真功夫、中邮金融、影儿、比音勒芬、曹操出行等。

2023 年 4 月 25 号，"2023 广州人力资源创新与科技展"在广州越秀会展中心举行，该活动由广州人事部和 HRflag 联合举办，红海云集团总裁孙伟应邀参加了该活动，并在主题发言中分享了人事部在数字人力资源方面的创新、实践和经验。红海云数字平台可以实现 AI 职位描述、AI 简历筛选、AI 面试、HR 智能自助设备等场景智能创新，并且已经将 AI 技术深入到 50 余个场景中，均取得了良好的成果。

孙伟在主题发言中表示，红海云是目前主要的人力资源服务提供商中，唯一将总部设在广州的。红海云专业从事 HR 技术服务已有多年，积累了很好的经验，完成了从信息化，到数字化，再到智能化的转型，并且红海云从技术，到产品，再到系统已经形成了一套属于自己的成熟体系。

三、数字化生态圈对企业发展提出的新要求

清华大学经管学院副院长李纪珍说："数字化时代基本的商业模式，是反转的模式。数字化时代的竞争是网络战，而这个网络战是以平台和生态为基础的，我们要构建一个大的平台，在这个大平台上很多生态合作伙伴共同去努力，追求互动和共赢。"

西门子 Advanta 管理咨询业务合伙人张正表示："数字化转型最核心的目的就是为了提升企业的可持续综合竞争力。这个综合竞争力可以体现在内部和外部两方面，内部聚焦的是提升效率、降低成本，而外部聚焦的是拉动业务、增加营收。我们认为首先应该从内部的三条最核心的价值链，也就是产品生命周期、资产运营、业务履约来提升内部的能力，再形成一个全链路闭环的优化。"

在数字化转型发展的进程中，也离不开数字人才的支持。在数字化技术的作用下，很多职业会被重塑，比如我们会看见重复的手工工作被数字化定制的工作代替，创造力更强的工作成为未来行业发展的主流方向。在此基础上，很多企业都提出了"以人为本""激励创新""构建开放文化"和"学习型企业"等新发展理念。企业的人力资源培养，一定要与数字技术的发展深度结合在一起，为了

实现企业数字化转型的商业计划，企业需要更多的专业人才，为数字化生态圈的构建做好必要的人才储备。

第四节　如何进行企业数字化生态平台共享中心的建设

世界范围内的企业生态已经进入数字化的新时代，价值创造、可持续发展、模式升级、数字化投资、全球化布局已经是目前数字化平台发展的主要方向。企业需要从战略、组织、人才、运营、技术五个维度来规划自身的数字化生态平台发展之路。本节与大家讨论，在新的时代背景下，企业在未来的发展方向上，如何提升在数字化生态平台中的共享能力，更好地推进企业的数字化转型发展。

一、生态平台共享中心的发展趋势

1. 数字化共享能力加强

随着"数字经济"对传统工业进行"赋能"，再加上新冠疫情的影响，众多公司纷纷向数字化转型的方向靠拢。一方面，企业数字化转型可以用数字化的力量来推进生态平台的构建，它可以让企业在未来定位于数字化平台共享中心的位置，来驱动企业创造更高的价值。另一方面，企业可以通过一个集成的、平台化的、共享的体系来促进企业数字化转型战略的落地实现。

2. 共享平台运营模式升级

很多企业高级管理者表示，这次新冠肺炎疫情带来的危机促使公司更有动力进行创新，不断试验新的发展模式，迅速执行数字化转型的发展战略。在后疫情时期，公司需要聚焦于"连续经营""灾难恢复""员工管理""数字化转型"等问题，构建更具韧性与灵活性的商业运作模型，以减轻新冠疫情对公司运作造成的冲击，在这种背景下，很多企业数字化共享平台的发展速度得到了提升。

3. 数据工具和数字技术迭代升级

随着数字技术近年来的快速发展，企业日益倾向于将数字化转型战略纳入到一个"以共享为核心"的战略日程之中。目前，许多公司也正在利用云计算、区块链、物联网、自动化等工具和技术，不断地从数字化共享平台构建中获得好处，从而提高企业的经营效率，减少经营费用，并推动企业获得更大的经济利益。

4. 海外共享中心建设布局加速

伴随中国公司的全球化业务发展的进程加快，构建境外数字化共享平台服务系统成为中国公司"走出去"的普遍做法，但受新冠疫情、国际贸易形势严峻等外在不利因素的制约，境外数字化共享平台系统本身存在的信息不可见性、业务场景复杂、流程不统一等内在问题，也使其建设正在面临前所未有的巨大考验。

二、企业如何加速数字化生态平台共享中心的建设

在数字化转型大潮、全球疫情危机、数字工具爆炸式发展以及海外数字共享平台建设的困难不断升级的大环境下，企业对于数字化生态平台的响应速度、分析能力以及个性化的使用感受等方面的要求越来越高，需要及时地制订和实施数字化转型措施，加速数字化生态平台共享中心的建设。如果企业希望成为把握数字化生态平台共享中心的公司，可以参考图 3-4 所示的内容。

1. 共享定位的转型

一个优秀的数字化生态平台共享中心应当将重点放在提升其价值创造的能力上，由基本的"事物处理"功能向更高层次的"分析洞察"工作转变，由后台服务支持的功能向企业中台的战略支持转变，为公司的经营提供关键的策略支撑，创造更多的价值。

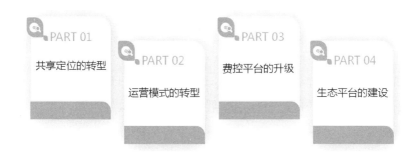

图 3-4 企业建设数字化生态平台共享中心的四个要点

2. 运营模式的转型

在新冠疫情的冲击下，公司数字化转型的战略除了要追求共享定位的转型，还应该主动寻求更加灵活、更加多元化的运营模式，扩大网络空间和数据平台的覆盖面，扩大自动化和智能化数字技术的应用场景，创造一种更加具有灵活性和适应能力的全新的运作模式，以此来更好地应对当前时代背景下的风险挑战。

3. 费控平台的升级

在建立数字化共享平台生态中心的过程中，企业需要注意对收费系统的改造，费用管理的能力对整个平台的建设会发挥意想不到的重要作用。企业可以利用收费控制系统对收费进行统一的收费控制、完成端到端的流程控制等，这有利于帮助企业迅速通过共享平台形成规模效益。费控平台的升级还可以增强客户的使用感受，强化平台的管理规范，并有利于更好地利用平台积累的大量数据，创造更多企业价值。

4. 生态平台的建设

企业数字化转型进行到中后期时，需要一个平台化、一体化、数字化的平台来支撑，借助这个平台，可以更好地实现数字共享的一体化、专业化的运作管理，提升企业数字能力应用的效果。通过建立企业的数字化生态平台可以让企业的工作方式、绩效管理、质量管理等都上升到更加精细化的程度，除此之外，还可以把它和企业的其他平台进行连接，从而构成一个更加完整的、统一的服务系统，全面提升使用者的感受，强化企业的数字化业务能力。

因此，在当前情况下，企业的管理人员应该马上采取行动，对企业建立数字化生态平台共享中心的价值进行细致评估，理清企业的数字化转型发展思路，从而制定出企业的数字化平台建设长期发展规划，提前做好组织、人才、系统和数据等领域的相关准备工作，加快数字化生态平台的建设速度，从而能够更好地发掘出在这条道路上所蕴藏的无穷潜力。

第五节　企业新旧系统交接棒如何更顺畅

随着数字化时代的到来，企业数字化系统应用已经成为企业发展的必然趋势。数字化系统应用可以帮助企业提高效率、降低成本、提升竞争力。但是，如何进行数字化系统应用，尤其是如何帮助企业进行新的数字化系统与旧系统间交接的问题，是一个需要企业管理者认真思考和实践的问题。本节将围绕这一问题探讨企业如何进行数字化系统应用，如何做好新旧系统的交接棒工作，为企业更好地进行数字化系统的转型应用做好铺垫。

一、企业数字化新系统应用的准备工作

1. 明确数字化系统应用的目标

企业进行数字化系统应用，首先需要明确数字化系统应用的目标。数字化系统应用的目标应该与企业的战略目标相一致，能够帮助企业提高效率、降低成本、提升竞争力。例如，企业可以通过数字化系统应用来提高生产效率、优化供应链管理、提升客户体验等。企业在进行数字化转型的过程中应该先明确建立数字化系统的目标方向，这对后续的战略实施有重要的意义。

2. 选择适合的数字化系统

在明确了企业的数字化系统应用目标后，需要选择适合自己的数字化系统。数字化系统应用的选择应该根据企业的实际情况和需求来进行。例如，企业可以选择 ERP 系统、CRM 系统、供应链管理系统等。在选择数字化系统时，企业需要考虑系统的功能、易用性、安全性、可扩展性等因素，根据自身的实际需求来选择最适合企业的数字化系统，以便在实际应用过程中更快地适应数字化系统的特点，更好地帮助企业提高业务效率。

3. 进行数字化系统应用的规划

企业在进行数字化系统的落地应用之前，需要进行应用方式的详细规划工作。规划的具体内容包括确定数字化系统应用的范围、时间、成本等。此外还需要对具体的实施过程进行规划，比如数字系统的安装、配置、测试、培训等方案的设计。在规划数字化系统应用的具体内容时，企业需要考虑到人员、技术、流程等方面的因素，提前做好部署和准备，以此来确保企业数字化新系统能够顺利落地实施。

4. 加强数字化系统应用的管理和维护

当企业执行了数字化系统应用的落地计划后，需要加强数字化系统应用的管理和维护。管理工作包括对数字化系统应用的监控、评估、优化等；维护工作包括对数字化系统应用的更新、维修、备份等。企业加强数字化系统应用的管理和维护，是进行数字化系统应用的必要工作，这可以保证数字化系统应用的稳定性和可靠性，也是顺利完成企业新旧系统交接的必要步骤。

二、企业如何做好新旧系统的交接棒工作

当企业需要更新数字化系统时，新旧系统交接是一个非常重要的问题，经常有企业忽视了新旧系统在转移过程中可能遇到的实际困难，而造成企业数字化转

型的进度难以顺利地推进。下面给出了一些解决企业新旧系统交接问题的思路，可以帮助企业更加充分地考虑数字化系统在实际落地使用的过程中需要进行的准备工作，如图3-5所示。

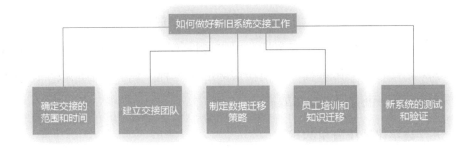

图 3-5　企业如何做好新旧系统交接工作

1. 确定交接的范围和时间

在开始进行数字化新旧系统的交接之前，需要明确新旧系统交接的范围和时间，比如说第一波进行交接的涉及哪些部门，需要多长时间完成交接工作，后续进行系统交接的部门的时间安排等。提前确定交接的范围和时间有助于确保数字化系统交接过程顺利进行，并避免出现任何时间上的延误或部门之间的冲突问题。

2. 建立交接团队

企业可以建立一个专门负责数字化系统交接的团队，或者成立一个数字化系统执行的部门，这个部门由旧系统和新系统的专业人员组成。这个团队将负责确保数字化系统交接过程的顺利进行，并解决在新旧系统交接过程中随时可能出现的技术问题，确保新系统能够以最快的速度顺利运行起来，以提升交接的效率。

3. 制定数据迁移策略

数据是数字化系统得以发挥作用的核心，在交接过程中，需要制定好数据的迁移策略。策略的首要目标就是要确保旧系统中的数据能够顺利地转移到新系统中，并确保数据的完整性和准确性，让新的数字化系统可以快速对过去积累的重要数据信息进行充分的加工和应用，发挥新系统的数字化功能。

4. 员工培训和知识转移

在企业的数字化新旧系统交接的过程中，人的因素也是需要重点考虑的，当员工具备了使用数字化新系统的能力时，新旧系统的交接工作就会变得顺畅许多。企业需要提前对员工进行培训和知识转移，提升他们的数字技术应用能力，以确保新系统的使用者能够熟练地使用新系统，掌握新系统的功能和特点，快速适应新系统的应用流程。

5. 新系统的测试和验证

在数字化系统交接过程中的最后一步，需要进行的是系统应用的测试和验证。这样做的目的是确保新系统的功能和使用效果符合预期，确保新系统的使用能够满足企业的需求。如果新系统通过了企业的测试和验证，那么就说明数字化系统的新旧交接是成功的，而如果在测试和验证的过程中出现了一些问题，企业就需要及时做出调整，对数字化新系统进行改变和进一步开发，直到其符合企业的数字化系统更新的目标。

总之，企业数字化新旧系统交接是一个非常重要的问题，需要认真对待。在建立数字化系统的环节，企业需要明确数字化系统应用的目标，选择适合的数字化系统，进行规划和实施，加强数字化系统应用的管理和维护。而在新旧系统的交接环节中，企业需要通过建立交接团队、确定数据迁移策略、进行培训和知识转移、进行测试和验证等措施，确保交接过程的顺利进行。只有这样，企业才能够充分发挥数字化系统应用的优势，提高效率，降低成本，提升竞争力。

第六节　企业如何打造自己的开放创新生态圈

案例：海尔的物联网开放创新生态圈

随着物联网技术的不断发展，越来越多的企业开始关注物联网的应用和发展。作为全球领先的家电制造商，海尔积极探索物联网技术在家电领域的应用，打造了一个开放的创新生态圈，为用户提供更加智能、便捷的家居生活体验。下面介绍海尔是如何打造自己的开放创新生态圈的。

1. 海尔的物联网创新生态圈概述

海尔的物联网开放创新生态圈，是一个由海尔自主研发的物联网平台，通过云计算、大数据、人工智能等技术，将家电、智能硬件、互联网服务等资源进行整合，为用户提供全方位的智能家居解决方案。在这个生态圈中，用户可以通过手机、平板电脑等终端设备，随时随地掌握家中各种设备的状态，实现远程控制、智能化管理。

海尔的物联网开放创新生态圈，不仅为用户提供了智能家居解决方案，也为企业提供了一个开放的创新平台。海尔通过开放 API 接口，吸引了众多开发者和合作伙伴加入这个生态圈，共同推动物联网技术的发展和应用。在这个生态圈中，企业可以通过自主研发、合作开发等方式，开发出更加智能、便捷的家居产品和服务，为用户提供更加优质的体验。

海尔打造的物联网开放创新生态圈，不仅是一个技术平台，更是一个价值共享的社区。在这个生态圈中，用户、企业、开发者和合作伙伴可以共同分享资源、经验和技术，实现互利共赢。海尔通过不断创新和完善，将这个生态圈打造成一个具有广泛影响力和良好口碑的物联网平台。

2. 海尔的"人单合一"模式

当前，国内的智能产业呈现出爆发式的快速增长态势，不过当下中国的智能产业发展，除了需要技术和产品方面的提升之外，还需要一个与之相匹配的经营方式作为支持。唯有经营方式提升，才可以构建起企业经营管理中的"动态能力"，实现核心竞争优势的提升，海尔公司在这方面通过创新推出的"人单合一"的模式取得了成功。

企业怎样构建可以不断成长的核心能力？解决之道就在于，必须打破原有的经营方式。以往中国公司都会效仿美国和日本公司的经营方式，而现在在数字经济环境下，所有公司都面对着十分严峻的挑战，没有固定的成功模式可以供企业参考。许多企业都在亏损甚至破产的边缘。究其根源，在于过去很多企业的经营方式是建立在工业时代经营体制和流程化的管理的基础上的，不能满足网络环境下企业的发展需要。

海尔"人单合一"的经营方式，开创了网络环境下企业经营方式的先河。"人单合一的'人'是指员工，'单'不是狭义的订单，而是用户需求。把员工和用户的需求融合在一起。怎么融合到一起呢？就是员工通过创造用户的价值来体现个人自身的价值。"这是海尔对"人单合一"方式给出的独特解读。

海尔以人单合一的系统为基础，打破企业内部和企业外部之间的壁垒，构建起一个开放式的"人单合一"的企业生态系统；而其创新性地提出用户付薪的这一报酬制度，让员工通过创造用户价值的方式获得薪酬，达成了员工价值和用户价值的统一。人单合一的模式，让海尔更加直观地感受到使用者的需要，从而更好地满足使用者的需要。也正因为如此，海尔才能在其他公司之前就对物联网的到来敞开怀抱，提前开始大规模定制经营方式的开发工作，并成功建立了自己的物联网生态平台。

3. 大规模定制模式引领世界智能制造

当前，全球都已开始部署智能生产，大规模定制模式是所有智能生产方式中最具竞争力的一种。在 2017 年 12 月末，国际四大标准组织之一的电气与电子工程师协会(IEEE)正式批准了以海尔 COSMOPlat 为核心的全球大规模定制技术的标准，这也使海尔公司在全球的智能化生产方面具有了一定的影响力和话语权。

与海尔同届的竞争对手中，有很多公司都是来自德国、美国、日本等国家的大型制造商，为何海尔的经营方式可以获胜并成了大规模定制领域的标杆？海尔创始人张瑞敏先生表示，虽然德国、美国、日本的企业都有不错的表现，但是海尔"客户至上"的精神是独树一帜的。当许多公司把大规模定制的重点放在了产品和技术的升级上时，海尔把重点放在了用户体验的升级上；当别的公司只是在回答"怎样做智能制造"的问题时，海尔的 COSMOPlat 则回答了"为谁进行智能制造"的问题。"所有的体验、所有的质量永远是用户定义的，要跟着用户来走。"这就是海尔胜出的核心原因。

海尔公司的这种大规模定制的概念已经获得了国际上的广泛认同。在德国汉诺威举行的展会上，德国的"工业 4.0 之父"孔翰宁先生曾盛赞海尔 COSMOPlat，并表示它是本次展会上最优秀的大规模定制标准。同时，他也表示十分欢迎海尔的 COSMOPlat 帮助德国的中小企业进行数字化转型升级。

4. 打造"诚信生态"的物联网生态品牌

在物联网环境下，企业如果想要在全球市场上占据有利的地位，就需要把建立品牌作为发展的主要关注点。张瑞敏先生对品牌的类别进行了详细的论述，他将品牌划分为产品品牌、平台品牌以及生态品牌三类，如图 3-6 所示。

图 3-6　品牌的类别

(1) 产品品牌

在传统时代中，品牌的概念绝大多数时候指的就是产品品牌。要么成为世界名牌，要么给世界名牌打工。中国的公司大多数都是相对较弱的产品品牌，于是大量的公司开始采用外包的方式进行经营，造成了大面积出口"中国制造"产品的现象，这就形成了我们现在有很多中国制造，但是却缺乏中国创造的局面，这也是现在的中国企业急需去改变的。

(2) 平台品牌

互联网时代的品牌典型就是平台品牌。平台品牌的出现代表双边交易的出现，企业要么拥有平台，要么被平台拥有。最具代表性的就是电子商务平台，有了流量就能给消费者带来更多的商品，但电商毕竟属于贸易平台，而且还是建立在批量生产的商品之上的，因此平台品牌还有较大的发展空间。

(3) 生态品牌

在物联网时代，品牌应该以生态品牌的方式出现。物联网时代是下一个大的经济发展趋势，人工智能发展到最后也需要走上物联网的方向。物联网和互联网时代平台有一个最大的不同，那就是互联网平台以交易为主，而物联网以交互为主。

美国未来学家《连线》杂志的编辑凯文·凯利曾在《必然》一书中指出，在将来，大规模复制时代的产品将毫无意义，只有那些无法仿制的产品才具有真正的意义。不能仿制的产品指的是什么？其实指的是顾客的信任。但是，无论是上述三种品牌类型中的产品品牌，还是平台品牌，都不能让顾客信任的问题完全地得到解决，唯有通过物联网的生态品牌，才可以在品牌与用户之间构建起信任关系。

海尔在物联网的背景下，更深入地认识到，消费者不仅需要买一件商品，更需要买到一种智能生活的解决方案，因此海尔充当的是用户传感器的角色。例如，海尔的冰箱从一个电器变成了一个可以连接网络的设备之后，它就不再仅仅是一个用于冷藏和冷冻食品的机器，它还可以将上百个有机食品的供应商连接在一起，为消费者提供绿色生活方式，形成了一个完整的食联供应生态系统。

海尔正是通过网器、小管家等触点网络，与现实中的使用者进行互动，获取使用者的需要，并回应使用者的需要，同时还能与平台上的其他参与者一起创造出多方共赢的局面，提升使用者的体验，获取使用者的信任，进而建立起一个诚信的物联网生态体系，打造出一个属于海尔的物联网生态品牌。

案例分析：总的来说，海尔物联网开放创新生态圈，是一个具有前瞻性和创新性的物联网平台，这个物联网平台不仅为用户提供了智能家居解决方案，还为企业提供了开放的创新平台，为开发者和合作伙伴提供了共享资源和技术的社区。相信在海尔的不断努力和创新下，这个生态圈将会越来越完善，为用户带来更加智能、便捷的家居生活体验。

第四章

真正做到"以用户为中心"

在企业进行数字化转型的过程中，如果只是埋头于提升技术和产品质量，还不能发挥出最好的转型效果。在生产方式革新的过程中，必须要同步进行生产理念的革新。因此，企业在数字化转型时需要打造"以用户为中心"的经营理念，把用户观念渗透到企业转型的方方面面。本章就带领读者一起探讨，如何在企业转型中真正做到"以用户为中心"。

第一节　体验为王背后的核心是"人"

现在的商业竞争中，体验已经成为企业竞争的核心。无论是线上还是线下，无论是产品还是服务，都需要提供优质的体验来吸引消费者。而在这个过程中，人扮演着至关重要的角色，可以说体验为王的核心是"人"。企业在数字化转型的过程中也需要时刻牢记这一定律，以人为核心打造最佳的用户体验。

一、用户体验的核心

首先我们来阐述用户体验到底是什么。根据定义，用户体验指的是在使用产品过程中建立起来的一种纯主观感受。这其中有两个要点：一是要在使用产品的过程中，二是使用者的主观感受。我们可以给用户体验定义一个公式，那就是：流程+主观感受 = 用户体验。

也就是说，用户体验是以使用行动为先决条件的。在产品使用的整个流程中都是会被用户去体会的，比如说顾客从进入店铺，到挑选衣服，再到排队试穿，再到结账离开整个流程中的所有体验会构成完整的用户体验。

主观感觉表明了使用者的经验并没有一个清晰的、客观的评判标准，在同样的过程中，人们会得到不一样的经验和感觉。而这个主观的判断，往往会受到很多方面的影响，包括顾客过去的经验、期望、个性、三观、情绪以及身边有没有同伴等，如图 4-1 所示。那么为什么说"人"的因素在用户体验中如此重要？下面我们就来解答这一问题。

1. 体验的核心是人的需求

消费者的需求是企业提供体验的出发点和落脚点。企业需要了解消费者的需求，才能提供符合他们期望的体验。这就需要企业与消费者建立良好的沟通渠道，通过调研、反馈等方式了解消费者的需求，从而提供更好的体验。

图 4-1　用户体验主观感觉的影响因素

2. 体验的实现需要人的参与

无论是线上还是线下，体验的实现都需要人的参与。线下店铺需要热情的销售人员、周到的服务员、专业的技师等，才能提供优质的服务体验；线上平台需要友好的客服、高效的物流、安全的支付等，才能提供优质的购物体验。这些人的参与，直接影响着消费者对企业的印象和评价。

3. 体验的评价也需要人的参与

消费者对体验的评价，是企业提供体验的重要依据。而这些评价，也需要人的参与。消费者需要通过各种渠道表达自己的意见和建议，企业需要通过专业的人员对这些评价进行分析和处理，从而不断改进和提升体验。

二、如何有效提升用户体验

企业可以针对上述用户体验公式中的两个要素进行优化，从而有效提升用户体验。流程和主观感受有一个共同点，就是都能通过企业的精心设计所改善。每个过程都对应客户的主观性评估，企业可以通过添加或减少流程，或者优化每个流程节点、调整流程次序等来进行优化。

诺贝尔经济学奖得主丹尼尔·卡尼曼提出过有关用户体验的定律，名为峰终定律。他通过调查，发现人们对体验的记忆基本由两个因素决定。一是体验过程中的峰值，无论是积极的还是消极的；另一个是体验结束的终值，也就是体验即将结束时的感觉。而在过程中积极体验或者消极体验的比重，或者体验时间的长短等因素都对一个人的记忆影响不大。峰终定律对企业改善用户的使用体验有三大启示：一是要营造整个使用流程中的峰值。要让用户的体验过程不是始终处于平淡状态，而是要营造波动感。二是要提供良好的终值体验。比如可以设计在使用结束后获得优惠券、抽奖资格等奖励。三是要尽量减少消极体验的峰值，增加积极体验的峰值。因为所有的峰值都会被顾客记住，为了让顾客有积极的产品体验，要让积极体验在数量和实际质量上都远远高于消极体验。

峰终定律在实际应用中的范围非常广，比如谈判、访客、调研等都可以使用。只要是涉及体验的活动，都可以通过这三个方法来提升用户体验。

综上所述，体验为王的核心是人。企业需要了解消费者的需求，通过人的参与来实现优质的体验，同时也需要人的参与来评价和改进体验。只有把人放在体验的核心位置，才能真正提供符合消费者期望的优质体验，赢得消费者的信任和忠诚。

案例：亚马逊提升用户体验的数字化转型实例

亚马逊通过数字化转型提升用户体验是一个典型的企业案例。亚马逊将用户体验和数字化转型作为企业的核心战略，一直致力于通过技术创新和数字化转型来改善用户体验。它利用人工智能和机器学习技术，为用户提供高效便捷的购物体验，下面我们来列举亚马逊提升用户体验的实际操作。

(1) 个性化推荐：利用用户的浏览和购买历史，通过数据分析得到用户的偏好，为每个用户提供定制化的产品和服务推荐。个性化推荐的模式给用户购物提供了极大的便利，其作用已经被市场认可，现在我们可以看到很多平台都使用了这一推荐机制，在提升用户体验的同时能够显著提升产品销量。

(2) 快速配送：亚马逊将其物流和运输网络数字化，实现了快速而可靠的配送服务。通过注册使用 Amazon Prime 程序，用户便可以享受免费两日快速送货服务。很多用户在网购的时候十分注重物流的配送时间，希望在尽可能短的时间内收到自己购买的产品。亚马逊的快速配送服务可以让更多用户感到满意。

(3) 智能客服：亚马逊利用语音识别和自然语言处理技术，为用户提供 24/7 无间断的智能客服服务。用户可以通过 Alexa 语音助手与亚马逊的客服人员进行交流。智能客服服务可以提升答复客户诉求的相应效率，也是亚马逊提升用户体验的有效手段。现在，智能客服服务也被越来越多的电商平台所使用，其效果有目共睹。

亚马逊数字化转型的成功之处在于，它始终将用户体验作为企业的核心驱动力，并不断通过技术创新和数字化转型提升用户体验的质量和便利性。这也是其成为全球最大的在线零售商之一的关键原因。

第二节　智能制造与规模化定制的实现

智能制造系统转型发展和变革是企业发展的必由之路，它也是制造业未来发展的一个重要方向。随着劳动力成本和市场需求的不断上涨，企业对劳动力的要求不断提高。未来的企业经营必须具有高效的生产能力和灵敏的反应能力，才能应付外界的各种不确定因素。在数字化时代，智能制造和规模化定制的生产方式将会是企业数字化转型的主要方向之一。本节将探讨企业如何在数字化转型的过程中实现智能制造和规模化定制。

一、智能制造的发展趋势

当前，国际上已逐渐认识到了现代科技对于制造行业发展的巨大影响。德国在积极推动着"以 CPS 为核心"的产业升级。美国建立了工业互联网，对网络设备进行监控与解析，以此来发现新的市场机遇。日本已经为智能社会 5.0 制订了一份发展规划，打算赶超德国的工业 4.0 战略。与此同时，中国正在进行智能制造的转型升级，大量的自动化设备正在进入市场，向着新型的互联网生产模式进军。

未来制造业的竞争是制造技术方面的竞争，企业的生产流程将会在数字化的影响下发生巨大的变化。从原料的供给，到产品的设计、制造、测试、使用等过程，都可以在数字化技术的改造下进行连接和分析，帮助企业以最灵活的手段满足市场需求，同时还可以将制造成本控制到最低的程度。

1. 尖端技术与传统模式的融合

未来的制造业将搭载人工智能、物联网、大数据等数字化技术，对企业的产品配置、生产计划以及实时决策等传统模式进行升级改造。例如，企业可以通过物联网技术将加工厂里的人、产品和机器设备连接起来，提升工作调度的效率，为企业创造更多的经济效益。

物联网的本质就是将人与商业过程联系在一起，在所有过程中，物联网都是一个以人为中心的过程。智能工厂的生产模式能做到的并不只是捕捉信息，还可以在获取信息后对其进行加工。通过分析从设备中收集到的不同类型的资料，可以找出优化企业经营的关键方式。

通过工厂的物联网系统，可以对生产设备的状态进行更好的把控。比如及时识别出有问题的设备，并根据故障数据直接派遣合适的现场技术人员，在危机正式发生之前解决好设备问题，避免了设备故障造成的效率降低和停机风险。

不管是企业还是顾客，在将来都可以从物联网技术中获益。智能工厂的生产模式将先进的技术与传统的生产模式有机地融合在一起，最终为企业实现降本增效，同时也为企业创造了一个更好的发展环境。

2. 智能工厂对人才的不同需求

在以往的工业发展中，劳动力的生产率一直是推动工业发展的主要因素，但如今劳动力成本每年都在上升，工业又面临着新的困难。面对这样的困境，工厂、公司纷纷采用了自动化设备等先进的技术手段，从而释放出了原本从事重复工作的劳动力。

随着物联网技术在工厂的应用，信息技术和运营技术在企业的发展中呈现出了融合趋势，工厂运营的问题会变得更加复杂。与此同时，新技术的投入也会创造更多的岗位，产生很多新类型的岗位空缺，企业需要对此提前进行部署和规划，应对不断变化的工作要求。

未来工厂升级到智能工厂，重复性的劳动岗位将被机器人代替，制造商必须培养新一代技术精湛的生产工人和管理人员。机器代替人后，人类需要转向更高技术含量的工作岗位，所以企业需要提供员工培训，把普通的工人升级到技术专员。

3. 智能工厂距离我们并不遥远

在不远的未来，制造业将逐步实现数字化，并最终走向智能化。愈来愈多的企业经理认为，在新技术上进行投资，将会使企业在今后的岁月里获得更大的发展。随着新技术的出现，制造业将会发生前所未有的变化。

对生产厂家而言，如果不能掌握这些新技术，就有可能面临被淘汰的危险。快速变化的市场要求，让生产厂商很难掌握先机，但这样的市场环境也让他们逐渐认识到了智慧工厂的优势，也让他们更清楚地认识到了未来制造业的发展趋势。

随着人们对产品的要求越来越高，工厂对生产工艺的要求也越来越高。在智能化工厂中，通过配置多种智能设备，能够对多种类型的生产作业进行技术支持，使得生产过程具有更强的独立性。

二、在工业 4.0 时代实现智能制造和大规模定制

所谓的"智能制造"，指的就是消费者在网上挑选商品，并要求厂家按照自己的要求去定做，将生成的个性化订单送到工厂。厂家在收到订货单后，会根据预定的交货日期，进行相应的生产调度，并将定制的产品发给顾客。在智能制造和大规模定制平台中，有三个重要的技术：一是个性化定制；二是自动计算价格；三是自动计算预计交货期。前两个技术是要在产品设计和工艺设计中加以考虑的，第三个是需要从生产计划系统进行模拟预估智能制造和大规模定制中实现。通过智能制造，厂家可以准确地根据顾客的要求进行生产，可以大大地降低积压的商品的比例，减少存货，进而提高公司的利润。

工业 4.0 平台，具体可以分为智能制造软件平台和智能制造硬件平台两个部分。所谓的智能制造软件平台就是电商(EC)+生产排产系统(APS)+生产执行系统(MES)。电商接到客户订单后，可以使用 APS 系统对订单进行排产计算，产生的生产计划则由 MES 系统来执行。一般来说，EC 和 MES 在技术方面的难点并不大，难点集中在对 APS 系统的设计上，可以使用遗传算法进行生产排产的运行计算。智能制造硬件平台则是由工业机器人和自动流水线等数字化设备组成的自动化生产工厂，来执行实际的生产任务。

不过，并非所有的智能制造企业都必须同时具备智能制造软件平台和智能制造硬件平台。拿服装企业来举例，需要人工进行服装制作工作，更需要智能制造软件平台的帮助。而对汽车企业来说，明显更需要智能制造硬件平台的建设。因此企业应该结合自己的实际需要来进行智能制造软硬件平台的建设。

举具体的企业例子来说，青岛红领和青岛海尔都是国内工业 4.0 和智能制造领域发展速度很快的企业。青岛红领的优势主要在智能制造软件平台方面，可以实现小批量多品种的服装定制，尤其是在客户定制化要求高的服装大规模定制能力方面比较突出。而青岛海尔主要在智能制造硬件平台方面具有技术优势，能通过工业机器人和自动化流水线实现全数字化自动生产的模式。青岛红领和青岛海

尔都是花费数亿元购买了来自德国的软硬件智能制造设施,在国内工业 4.0 智能制造方面达到了行业领先的水平,对智能制造和规模化定制的推广能发挥明显的积极作用。

第三节 细颗粒度数字化平台与用户自助

"颗粒度"作为最近比较流行的互联网术语,应用场景有很多。按照"颗粒度"的基本概念,"颗粒度"越粗则说明内容细节越少,"颗粒度"越细则说明内容细节越详尽。在企业数字化转型发展中,如果能搭建更细颗粒度的数字化平台,有助于更好地解决生产方面的问题,推进企业的数字化转型工作。而"用户自助"概念,是在企业数字化平台打造过程中的一个比较重要的概念和目标,本节将围绕企业的细颗粒度数字化平台与用户自助的问题,进行叙述和讲解。

一、细颗粒度数字化平台的概述

细颗粒度数字化平台是一种基于云计算、大数据、人工智能等技术的数字化平台,旨在实现对企业内部各个业务流程的全面数字化管理和优化。该平台通过对企业内部各个业务流程的数据进行采集、分析和挖掘,实现对业务流程的精细化管理和优化,提高企业的效率和竞争力。细颗粒度数字化平台的主要特点,如图 4-2 所示。

1. 数据采集和分析能力强

细颗粒度数字化平台能够对企业内部各个业务流程的数据进行全面、准确的采集和分析,实现对业务流程的精细化管理和优化。

图 4-2　细颗粒度数字化平台的四个主要特点

2. 业务流程管理能力强

细颗粒度数字化平台能够对企业内部各个业务流程进行全面、准确的管理，实现对业务流程的优化和协同。

3. 人工智能技术应用广泛

细颗粒度数字化平台采用了人工智能技术，能够对业务流程进行智能化分析和优化，提高企业的效率和竞争力。

4. 云计算技术支持强大

细颗粒度数字化平台采用了云计算技术，能够实现对企业内部各个业务流程的实时监控和管理，提高企业的响应速度和决策能力。

细颗粒度数字化平台的应用范围非常广泛，包括制造业、金融业、医疗保健业、零售业等行业。该平台能够帮助企业实现数字化转型，是企业数字化转型的重要工具之一。

二、用户自助的概念和优势

用户自助是指用户可以通过自己的努力和操作，解决自己的问题或完成自己的任务，而无需依赖其他人或机构的帮助。用户自助的概念在现代社会中越来越普遍，尤其是在数字化时代，各种自助服务已经成为人们生活中不可或缺的一部分。

用户自助的优势主要包括以下几个方面：第一，可以提高效率。用户自助可以让用户在不需要等待他人帮助的情况下，快速地解决问题或完成任务。第二，可以降低成本。用户自助可以减少企业或机构的人力成本和时间成本，因为用户可以自己解决问题，不需要额外的人力资源。第三，可以提高用户满意度。用户自助可以让用户更加自主地解决问题，提高用户的满意度和忠诚度。第四，可以提高用户使用的便捷性。用户自助可以让用户随时随地解决问题或完成任务，不需要受到时间和地点的限制。第五，有利于数据收集。用户自助可以让企业或机构收集更多的用户数据，从而更好地了解用户需求和行为，为企业或机构的决策提供更多的参考依据。

用户自助是一种在数字化时代十分重要的服务模式，它可以提高效率、降低成本、提高用户满意度、提高便捷性和收集更多的用户数据，对于企业来说，也是一种非常值得去尝试的服务模式。

三、细颗粒度数字化平台与用户自助的结合

细颗粒度数字化平台可以将企业的业务流程、数据和系统进行细分，以便更好地管理和控制。与此同时，用户自助可以让用户自主地进行操作和管理，提升服务的效率和用户的满意度。将这两者相结合，可以提高企业数字化平台的效率和用户的满意度。以下是细颗粒度数字化平台如何与用户自助相结合的几个方面。

1. 提供自助服务

细颗粒度数字化平台应该提供自助服务，让用户可以自主地进行操作和管理，充分满足用户的自主下单需要。例如，用户可以自己创建账户、修改个人信

息、查询订单状态等，让用户可以完全通过细颗粒度数字化平台实现自助交易。此外，平台还可以提供在线帮助和服务，让用户的问题可以随时被解决。例如，平台可以提供在线电子客服、视频使用教程等，尽可能帮助顾客解决问题。

2. 提供自助工具

细颗粒度数字化平台应该提供自助工具，让用户可以自主应用平台上的数字功能。例如，平台可以提供在线编辑器、模板库、数据分析工具等，这样可以让用户在平台上实现自助订单调整等更加复杂化的功能。平台还可以提供用户自助监控功能，比如让用户可以自主地监控业务流程和数据，了解订单的完成进度，增加用户的体验感和信任感。

3. 提供自助反馈

细颗粒度数字化平台应该提供自助反馈工具，让用户可以自主地反馈问题和建议，这样可以及时了解用户的需求、及时处理用户的问题，同时也有利于数据的收集和分析。例如，平台可以提供在线反馈、投诉建议、用户调查问卷等功能。

数字化平台的打造是我国企业在新发展阶段中的重要阶段性目标，未来需要向更加智能化、更加个性化、更加开放化、更加安全化的方向去发展。企业只有通过更加努力提升"颗粒度"的精细程度，找到转型问题切入点，并在此基础上进行技术的深化改革，打造出具有"用户自助"能力的新型数字化平台，才能发挥出撬动企业经营能力快速提升的杠杆作用，才能为新时代企业发展注入新的活力。

第四节　以数字化平台释放企业全维生产力

在疫情影响下，当前非接触经济进入了蓬勃发展的阶段，让很多中小企业的数字化转型发展进入了新阶段。在当前的时代背景下，数字化平台的建设对于企业释放全维生产力的意义重大。本节讲述如何通过数字化平台的建设释放企业的全维生产力。

一、数字化平台提升企业生产力的三大优势

在数字化转型方面，平台与企业生产力之间更具有极强的关联性。数字化平台的建设在支持企业数字化转型和提升企业生产力的过程中，主要体现出三大优势，如图 4-3 所示。

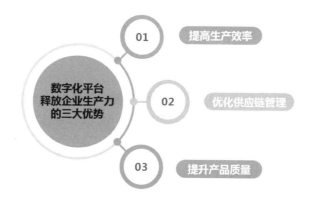

图 4-3　数字化平台提升企业生产力的三大优势

1. 提高生产效率

数字化平台可以帮助企业实现自动化生产，减少劳动力等因素对企业生产的影响，提高生产效率。通过数字化平台，企业可以实现生产流程的优化，完成生产流程的自动化转型，从而提高产品的生产效率，降低生产成本。

2. 优化供应链管理

数字化平台可以帮助企业实现供应链的数字化管理，包括采购、库存、物流等方面。通过数字化平台，企业可以实时掌握供应链的情况，及时调整生产计划，避免库存积压和物流延误，提高供应链的效率和稳定性。

3. 提升产品质量

数字化平台可以帮助企业实现产品质量的数字化管理，包括生产过程的监控、质量检测等方面。通过数字化平台，企业可以实时监控生产过程，及时发现和解决质量问题，提高产品的质量和可靠性，增强企业的竞争力。

二、数字化平台如何帮助企业释放全维生产力

数字化平台可以帮助企业释放全维生产力，具体包括以下几个方面。

1. 数据化生产管理

数字化平台可以帮助企业实现生产过程的数据化管理，通过实时监控生产数据，及时发现问题并进行调整，提高生产效率和质量。具体可以在以下几个方面发挥作用：第一，可以进行数据采集和分析。实时采集生产过程中的各种数据，如温度、湿度、流量等，通过数据分析和挖掘，帮助企业了解生产过程中的瓶颈和问题，提高生产效率和质量。第二，数字化平台可以对生产过程中的每一个环节进行监控和记录，实现全程质量控制和追溯，保证产品质量和安全。第三，数字化平台可以对生产设备进行实时监测和维护，预测设备故障和维修需求，提高设备利用率和生产效率。

2. 智能化生产调度

数字化平台可以通过智能算法对生产任务进行优化调度，实现生产资源的最优配置，提高生产效率和降低成本。比如，数字化平台可以通过传感器、监控设备等方式采集生产过程中的数据，还可以将采集的数据进行可视化展示，以便企业管理层和生产人员了解生产过程中的情况。根据生产计划和实时数据，数字化平台也可以智能化地进行生产调度，以便最大化地利用生产资源，和传统的人工生产调度方式相比，数字化平台的使用无疑能够大幅度提高企业的生产效率和质量。

3. 供应链协同

数字化平台可以实现供应链各环节的协同，包括原材料采购、生产计划、物流配送等，提高供应链效率和降低成本。在数字化平台的帮助下，企业可以将供应链中的各个环节连接起来，实现信息共享，包括订单、库存、物流、质量等信息，从而提高供应链的透明度和协同性。另外，数字化平台可以实现库存的实时监控和管理，通过对供应链中各个环节的协同调整，避免库存积压和缺货的情况发生，避免重复投入和浪费问题的出现，从而降低企业的成本。

案例：家乐福——零售行业数字化供应链转型案例

伴随着时代的发展，主流的消费观念发生了变化，在这种市场竞争激烈的情况下，零售行业的成本也变得越来越高，这导致了一众企业的回报率很低，现在他们都面临着扩展困难的问题。很多已经在这个行业深耕了多年的零售企业，在这数十年间一直在不断地进行着创新和变革，特别是在面对具有革命性意义的电商行业崛起的过程中，他们中的大部分都已经逐渐地构建起了线上业务集群，开始布局"互联网+零售"的战略。下面我们就以家乐福的数字化转型为例，探讨零售业如何通过数字化的方式实现供应链的转型升级。

家乐福是批发行业中最具影响力的大型连锁超市，其物流管理面临着新零售模式下的线上、线下全渠道竞争的压力，迫切需要进行数字化改造。将 AGV、CAPS、 VLM 等分拣设备集成在一起，最繁忙的时候可以支持 12 万个箱子跨仓库作业，实现了分拣效率提高 60% 以上，分拣准确率达到 99.95% 的效果。

(1) 科箭供应链云平台。家乐福的仓库里，有六七万种商品，科箭的 WMS 仓储管理云，可以覆盖家乐福的所有区域，包括干仓、冷库、电商的仓储，可以满足 2000 个供应商，一天两万个订单，还可以将家乐福的所有系统，都连接在一起，可以实现从采购到发货，到仓储，再到门店进行供应链的协调与管理，可以更好地管理各种配送中心。家乐福将科箭 WMS 云作为智慧仓库和管理中心，以适应未来的商业发展，同时也将进一步提高公司的效率。

(2) AGV 分拣。家乐福的分拣任务很重，一天至少要分拣八万箱货，高峰时期甚至能达到十二万箱，所以他们都是用 AGV 来分拣货物，以提高工作效率。通过 API 的对接，在 WMS 云中进行了接收货物后的分货，并将分货结果发送到 AGV，AGV 进行分拣捆绑，并将分拣后的结果返回到 WMS。通过这种方式大大提升了工作效率，之前每小时分拣 120～130 个集装箱，现在每小时分拣 200 个集装箱，并且分拣准确度可以达到 99.95%。

(3) Caps 分拣。在门店订货时，会有一些按照基本单位订货不满足一箱的情况。在进行分拣时，如果使用传统的 RF 处理，会导致效率降低。有箱拣和件拣的不能放在一个栈板上，件拣商品需要单独的容器装载。通过 API 接口，Caps 对接收到的货物编号进行扫描，得到分类任务，分类结果返回到 WMS，从而提高分类的效率和精确度。

(4) VLM 分拣。订单中会有许多 3C 类商品，由于 3C 类商品的价格相对昂贵，如苹果手机、笔记本电脑等，放在传统的货架上很容易造成财产损失，而且还会占据大量的拣货点(此类商品数量相对较少)，所以一般都会选择使用 VLN 货柜(52 个货盘，大约 600 种商品)。利用数据库对接的方法，WMS 将补货和拣货任务推送给 VLN 集装箱进行补货和分拣，在实际操作结束后，再由 WMS 进行逐一核对。可以降低误码率，并且确保产品的安全。

(5) 电商 AGV 上架与拣货。电子商务主要是为公司提供采购服务，往往会产生大量的种类繁多的订单，家乐福通过 AGV 来提高运营效率，并在网上拓展电子商务市场。通过 API 的方式进行对接，WMS 向 AGV 系统发送接收任务，AGV 进入仓库后，将入库的结果反馈给 WMS。在出库的时候，WMS 会向 AGV 发出出库指令，让 AGV 完成工作。既提高了工作效率，也提高了分拣的准确率。

(6) 全场景容器管控。使用全场景运送效率更高，并且支持多层租赁模式和租金结算。伴随着平台经济和数字技术的发展，零售业已经开始注重"消费互联网"的精髓，也就是用户口碑。通过提高自己的产品能力和服务质量来留住顾客，这是许多企业的一种战略方案。但是，要实施这一解决方案，需要对供应链体系、供应链渠道、供应链运营、供应链模式等进行整体优化，这并不是一件容易的事。对零售供应链进行数字化赋能，只有将运营自动化、信息数据化，才能实现高效分析、精准调控，让供应链在新时代下成为零售企业的强大竞争力。科箭集团已拥有沃尔玛、家乐福、麦德龙、碧优选、屈臣氏、百果园、达美乐等业内著名品牌，它们都将其产品和服务融合在一起，为同行提供更快的投资回报，并以供应链为基础，发挥出更大的竞争力。

4. 产品设计优化

数字化平台可以通过模拟仿真等技术对产品进行优化设计，提高产品质量和降低生产成本。数字化平台在数据采集和分析方面具有明显优势，通过数字化平台对产品进行监测反馈，收集产品使用过程中的数据，并将采集到的生产数据进行分析，找出产品存在的问题和改进的方法，例如提升产品的耐久性等方面的性能，不断优化产品的设计和制造流程。企业还可以利用数字化平台的虚拟仿真技术模拟产品的使用过程，从而找出产品的优化方案。通过数字化平台实现产品的设计和优化，可以提高产品的质量和性能，降低生产成本，提高企业的竞争力。

5. 人才培养

数字化平台可以提供在线培训和知识共享平台，帮助企业培养数字化人才，提高员工技能和生产效率。数字化平台可以帮助企业进行人才培养的方式有很多，以下是一些常见的方式：第一，数字化平台可以提供各种在线培训课程，包括技能培训、领导力培训、沟通技巧等。企业可以根据员工的需要和职业发展规划，选择适合的课程进行培训。第二，数字化平台可以提供社交学习功能，让员工之间进行知识分享和交流，促进学习和成长。第三，数字化平台可以通过数据分析，帮助企业了解员工的学习情况和表现，为企业提供更好的培训方案和个性化的学习建议。第四，数字化平台可以通过智能推荐算法，根据员工的学习经历和兴趣，推荐适合的培训课程和学习资源，提高学习效率和加强学习效果。总之，数字化平台可以为企业提供更加灵活、高效、个性化的人才培养方案，帮助企业提高员工的技能水平和绩效表现，提升企业的竞争力和发展潜力。

综上所述，数字化平台可以帮助企业实现全维生产力的释放，可以帮助提高生产效率和质量，降低成本，提高企业竞争力。计划进行数字化转型的企业应重视对数字化平台的建设和开发，从全维度上发挥数字化平台的优势，推动企业数字化转型工程的进度。

第五节　餐饮行业的数字化转型愿景

从关注线下发展到关注线上发展，从依靠线下客流发展到发力线上流量发展，数字化无疑是成为了近年来餐饮业的一个关键词。那么，餐饮企业需要数字化的哪些帮助，具体应该怎样去实现数字化呢？或许 2020 年疫情刚刚开始的那一年是很多餐饮行业的人无法忘怀的。很多餐厅都倒闭了，没有了顾客，没有了生意，没有了利润，很多餐饮企业都面临着资金链断裂的问题。

西贝餐饮集团的董事长贾国龙曾经无奈地表示，公司的资金可能支撑不了三个月了；乐凯撒比萨饼的创办人陈宁，在国内有超过 140 家直接经营的连锁门店，也认为三个月可能是这个品牌的最后期限。可以想象，疫情对餐饮业的影响有多大。但是，在这种情况下，很多餐饮品牌都采取了积极的应对措施，并借助互联网和大数据等技术来进行反击。有的餐饮企业已经通过数字化的方式找到了未来的发展方向，逐步走出了困境。本节将结合案例来讲述餐饮行业的数字化转型愿景。

一、餐饮行业的发展趋势

在当今世界，随着社会的不断进步，人们对于一日三餐的需求也在不断地增加，这也导致了我国餐饮业的竞争日趋激烈。突发的新型冠状病毒疫情给中国经济及各个行业都带来了极大的影响，特别是传统的餐饮业，客流量下降，现金流受阻。在这样的背景下，外卖经济开始兴起，预制或半成品成为新的消费增长点，并逐渐形成了新的消费模式。尽管餐饮行业近年来的发展遇到了一定的阻碍，但是随着时间的推移，经济会慢慢恢复，餐饮业也会重新踏上快速发展和转型之路。

1. 新发展理念

"健康，卫生，安全"成为"后疫情时代"饮食行业的重要词汇。后疫情时期，是餐饮业恢复的时期，也是消费者信心重建的时期。为了提高消费者的信心，餐饮公司将对食品的安全保障、菜品的营养健康、后厨的透明可视、食材的追溯等方面进行更多的关注。这些都是餐饮公司的基本经营理念和社会责任，也是行业竞争的重点。只有这样，才能获得消费者的认同。

2. 资本投入是关键

以稳健的资本投入和理性的节流作为企业逆境再生的核心内在力量。目前，餐饮业面临着房租高、人力成本高、食材成本高、毛利低等问题。在这场疫情的冲击下，各个环节的成本都大幅上升，整体的利润空间也受到了极大的限制，大约 85%的餐饮业都面临着资金流动的困难。通过调整饮食行业的比例、强化网络营销等方式，增加消费者的购买量，减少不必要的内部支出。通过"节流"和"开源"，来提高公司的抗风险能力。

3. 智能化发展趋势

食品品牌化、零售化、智能化，是食品工业发展的新趋势。随着餐饮行业的发展，其经营范围不断扩大，各类业态也变得更加丰富。同时，人们的消费观念也发生了变化，消费者会更加关注品牌和质量。因此，餐饮企业必须打造出一个更加透明、更加可信、更加可靠、更有价值的品牌。为使其能够真正做到便民采购，更好地为群众提供服务，一些餐饮企业也加入到了"生鲜军团"中，它们利用自己的供应链，对生鲜、半成品等进行销售。同时，餐饮行业还将打通零售的链条，并探索出更多新的经营模式。

为提高餐饮行业的生产效率，降低人力成本，餐饮智能化也将会不断地发展，从传统的经营模式逐步向网络化、数据化、智能化的方向转变。

二、餐饮行业数字化转型的案例分析

我国餐饮行业的数字化转型已经成为该行业发展的趋势。随着消费者需求的变化和科技的发展，餐饮企业需要通过数字化手段来提高效率、降低成本、提升服务质量和增强竞争力。以下是一些案例，可以帮助我们更好地了解我国餐饮行业数字化转型的愿景。

1. 美团点评

美团点评是我国最大的餐饮外卖平台之一，也是数字化转型的典型代表。美团点评通过数字化技术，实现了从订单、支付、配送到评价的全流程的数字化管理，提高了餐饮企业的服务效率和服务质量。同时，美团点评还通过大数据分析和人工智能技术，为餐饮企业提供了更精准的营销和推广服务，帮助企业更好地了解消费者需求和市场趋势。

2. 海底捞

海底捞是我国知名的火锅连锁品牌，也是数字化转型的成功案例之一。海底捞通过数字化技术，实现了从预订、点餐、排队到结账的全流程的数字化管理，提高了服务效率和客户体验。同时，海底捞还通过大数据分析和人工智能技术，为客户提供了更加个性化的服务和推荐，增强了客户黏性和品牌忠诚度。

3. 星巴克

星巴克是全球知名的咖啡连锁品牌，也是数字化转型的领先者之一。星巴克通过数字化技术，实现了从订单、支付、会员管理到营销推广的全流程的数字化管理，提高了服务效率和服务质量。同时，星巴克还通过移动支付、无人店铺等新技术，为客户提供了更便捷的消费体验，增强了品牌影响力和市场竞争力。

从上述案例可以看出，我国餐饮行业的数字化转型已经成为不可逆转的趋势。未来，随着科技的不断发展和消费者需求的不断变化，数字化转型将成为餐饮企业提高效率、降低成本、提升服务质量和增强竞争力的重要手段。

三、餐饮行业数字化发展的重点

　　餐饮行业的数字化发展，实质上是从餐饮服务到数据挖掘的蜕变过程，这一发展模式是对餐饮企业经营的重大革新。餐饮企业可以利用技术手段将财务管理、供应链管理、门店管理、会员管理等全面推向数字化，从根本上增强餐饮企业的品牌力和供应链能力，提高其核心竞争力。

　　就拿连锁餐饮企业来说，想要达到对其进行科学管理与有效管控的目的，一般情况下可以将 CRM 系统、前厅管理系统、后厨管理系统、财务管理系统、物资管理系统等信息管理系统进行上线，从而从粗放式管理过渡到精细化管理的模式。但是，上线系统仅仅是一个开始，要使资料充分利用起来，还必须做很多的工作。比如，企业需要建立一个统一的数据中心，让企业管理者对企业的发展情况了如指掌，并让餐饮企业的资源得到最优的配置和进行最优的运营，从而获得更大的规模效益。餐饮行业数字化发展的重点如图 4-4 所示。

图 4-4　餐饮行业数字化发展的三个重点

1. 资金分析

　　作为餐饮企业，数字化的资金分析可以帮助企业更好地了解自身的财务状况，从而制定更加科学合理的财务决策。餐饮企业需要收集各种财务数据，包括销售额、成本、利润、现金流等。这些数据可以通过数字财务软件系统等途径获取。餐饮企业还需要对收集到的数据进行分析，比如计算毛利率、净利润率、现金流量等指标，并根据分析结果制定预算，包括销售预算、成本预算、利润预算等。根据财务数据和分析结果，可以优化企业的财务决策，比如调整价格、增加营销投入等，以提高企业的盈利能力。

2. 进销存分析

在餐饮行业中，库存的数字化管理需要建立在历史销售数据的基础上，同时还要将节假日、气候以及竞争对手等影响因素考虑进去，从而做出科学预测。而库存的原材料不但会占用资金，而且还会存在效期短、容易过期的问题，因此形成一个良好的进销循环非常重要。

餐饮企业可以采用智能化进销存管理系统，通过系统的数据分析功能，实现对进销存数据的实时监控和分析。比如通过建立进销存数据分析模型的方式，对历史数据进行分析，预测未来的销售情况和库存需求，从而更好地制订采购和销售计划，提高库存周转率和销售效率。餐饮企业还可以采用数据挖掘技术，通过对进销存数据的挖掘和分析，发现潜在的销售机会和库存风险，从而更好地制定销售策略和库存管理策略，提高企业的经营效益，为企业的发展提供更好的保障。

3. 产品分析

在餐饮行业中，产品的种类是多种多样的，企业可以对产品分析进行数字化的改造，以销量、受众、成本等数据为基础，对产品的定价、搭配组合等方面进行灵活的调整。具体来说，餐饮企业需要收集各种与产品相关的数据，包括销售数据、库存数据、顾客反馈数据等。这些数据可以通过 ERP 系统、CRM 系统等进行采集。然后再利用数据分析工具对产品进行分析，比如销售趋势、库存水平、顾客偏好等。最后企业可以将分析结果应用到实际业务中，进行优化菜单设计、调整库存管理、改进顾客服务等。通过对数据分析应用，餐饮企业可以提高产品的销售量和利润，提升顾客满意度和忠诚度。

第五章

企业数字化转型过程中的效率革命

在数字化转型过程中，效率革命是一个十分重要的方面，企业需要通过数字化转型提高生产效率、降低成本、提高客户满意度，最终实现收入的增加。效率涉及企业经营、管理、生产的方方面面。本章将从流转率、企业规模、企业成本、精准决策、顾客生命周期等方面，为读者分析企业如何通过数字化转型提高生产效率和企业的竞争力。

第一节　以流转率为核心的数字化时代企业效率

一、企业流转率概述

1. 流转率的概念和计算方法

企业中的流转率是指企业在一定时间内，某种资源(如人力、资金、物资等)的流动情况。流转率的计算方法可以根据不同的资源使用不同的计算方式。以人力资源为例，企业中的人力流转率可以通过以下公式计算：

人力流转率=(离职人数÷平均在职人数)×100%

其中，离职人数指在一定时间内离开企业的员工人数，平均在职人数指该时间段内企业的平均员工人数。

再比如企业的资金流转率可以通过以下公式计算：

资金流转率=(销售收入÷平均资产总额)× 100%

其中，销售收入指企业在一定时间内的销售收入，平均资产总额指该时间段内企业的平均资产总额。

流转率是现代企业经营中的一个使用十分频繁的概念，在数字化转型的时代背景下，流转率也被越来越多的企业管理者所重视。下面我们来分析一下流转率对企业的重要性和影响，揭示流转率成为数字化时代企业的经营核心之一的原因。

2. 流转率对企业的重要性和影响

通过计算企业中不同资源的流转率，可以帮助企业了解资源的利用效率和流动情况，从而优化资源配置和管理，提高企业的经营效益。我们以最常见的人力流转率和资金流转率为例，分析流转率对企业的重要性和影响。

人力流转率对企业的生产效率、品牌形象、人才储备等方面都会造成影响。高流转率会导致企业的稳定性下降，员工的离职会导致企业的生产效率下降，而新员工需要一定的时间来适应工作环境和工作流程，这会影响企业的生产效率。高流转率还会影响企业的品牌形象，因为员工的离职会导致企业的声誉受到影响，同时也会影响企业的客户关系和业务拓展。员工的离职率高还会导致企业失去一些有价值的人才，影响企业的长期发展。

因此，现代企业都比较重视流转率的管理，并采取有效的措施来降低流转率，例如提高员工福利待遇、加强员工培训和发展、改善工作环境和氛围等。这样可以提高员工的满意度和忠诚度，从而促进企业的稳定和发展。

资金流转率则与企业的盈利能力、财务风险、竞争力等息息相关。资金流转率高的企业可以更快地回收资金，从而提高企业的盈利能力，降低企业的财务风险，控制企业的成本，有利于企业的长期发展。所以，资金流转率对企业的影响非常大，企业在经营中应该注重提高资金流转率，从而提高企业的盈利能力、降低财务风险、增加竞争实力。

二、企业围绕流转率进行数字化转型的重要性

企业围绕流转率进行数字化转型的重要性在于以下五个方面：第一，可以提高效率。数字化转型可以帮助企业实现自动化、智能化的流程管理，减少人力成本和时间成本，从而提高生产效率和运营效率。第二，可以优化资源配置。数字化转型可以帮助企业实现对资源的精细化管理，包括人力、物力、财力等，从而优化资源配置，提高资源利用效率。第三，可以提升客户体验。数字化转型可以帮助企业实现对客户需求的精准把握和快速响应，提升客户体验，增强客户黏性和忠诚度。第四，可以降低风险。数字化转型可以帮助企业实现对业务数据的实时监控和分析，及时发现和解决问题，降低业务风险和损失。第五，可以推动创新。数字化转型可以帮助企业实现对业务模式、产品和服务的创新，提高企业竞争力和市场占有率。

案例：ZARA 通过数字化转型实现流转率提升

以知名服装电商平台 ZARA 为例，它通过数字化转型提高了流转率。ZARA 通过引入 AR 技术，为顾客提供更加真实的线上试衣体验。这对于流转率的提升有显著的效果。

顾客可以通过 ZARA 的移动应用程序，使用 AR 技术在家中试穿服装，看到更加真实的穿着效果，然后直接在线上购买。这种数字化转型提高了消费者的购物体验和购物便利性，是对传统购物方式的一大重要突破，因此也吸引了更多的消费者前来购买，提高了购物转化率。

此外，ZARA 通过数字化转型提升流转率的另一个体现是优化了物流和供应链管理。ZARA 引入了数字化供应链管理系统，作为快时尚品牌，库存管理是经营中的重要模块。智能供应链管理让 ZARA 的物流居于业内的领先地位，使 ZARA 的流转率已经超过了大多数竞争对手，对其成为全球第一大快时尚品牌功不可没。

三、企业围绕流转率进行数字化转型的要点

企业围绕流转率进行数字化转型的重点主要集中在数据的采集、分析和应用等方面。因为数字化是未来企业发展的核心，数字化能力也是企业数字化转型需要提升的主要能力。企业围绕流转率进行数字化转型的五个要点如图 5-1 所示。

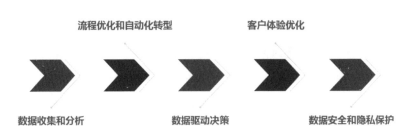

图 5-1　企业围绕流转率进行数字化转型的五个要点

1. 数据收集和分析

企业需要收集和分析各种数据，包括销售数据、库存数据、客户数据、供应链数据等，以了解产品和服务的流转情况。这些数据可以通过各种数字化工具和系统来收集和分析，例如 ERP 系统、CRM 系统、BI 工具等。

2. 流程优化和自动化转型

企业需要对现有的流程进行优化和自动化转型，以提高流转率。例如，通过数字化工具和系统来优化订单处理、库存管理、供应链协调等流程，以减少流程中的瓶颈和延迟，提高流转效率。

3. 数据驱动决策

企业需要基于数据来做出决策，例如产品定价、促销策略、库存管理等。通过数字化工具和系统来分析数据，企业可以更准确地了解市场需求和客户行为，从而做出更明智的决策。

4. 客户体验优化

企业需要通过数字化工具和系统来优化客户体验，以提高客户满意度和忠诚度。例如，通过数字化营销工具来提供个性化的营销和服务，通过数字化客户服务工具来提供更快速和便捷的客户服务。

5. 数据安全和隐私保护

企业需要确保数据的安全和隐私保护，以避免数据泄露和滥用。通过数字化工具和系统来加强数据安全和隐私保护，例如加密技术、访问控制、数据备份等。在企业流转率的提升中，数据安全和隐私保护是需要保持格外关注的要点，如果企业只注重快速发展数据的应用技术，忽视了对数据安全的保护，可能会给企业的经营和管理带来比较大的安全隐患。

综上所述，企业围绕流转率进行数字化转型是非常重要的，可以帮助企业提高效率、优化资源配置、提升客户体验、降低风险和推动创新，从而实现可持续发展。企业围绕流转率进行数字化转型需要综合运用各种数字化工具和系统，以优化流程、提高效率、提升客户体验和保障数据安全，从而实现数字化转型的目标。

第二节　如何破除企业规模与企业效率之间的悖论

商业界有句俗语称"船大压风浪"，但也有一种说法是"船小好调头"。从经济效益上看，大公司和小公司谁更好？对于这一点，一直没有一个明确的结论。总的来说，有两种截然不同的观点。

第一种看法是，大公司的经济效率较好。它的理论依据是"规模经济"，即当公司的规模变大，使用了先进的设备，明确了专业化的分工，就会降低每一种产品的成本，从而降低产品的平均成本。

第二种看法是，小型公司具有较高的经济效率。它的理论基础当然就是所谓的"规模不经济"，随着企业规模的增大，管理层次的增多，需要引入更多的激励与监督机制，这不仅会提高管理费用，还会使企业决策变得更迟缓。

两种对立的看法谁是正确的，谁是错误的？企业规模与企业效率之间的悖论如何解决？本节将带领读者来分析目前的企业规模和企业效率之间的问题与解决方案。

一、企业规模与企业效率之间的悖论

企业规模与企业效率之间的悖论是指企业规模扩大后，可能会导致企业效率下降的现象。这种悖论的存在是因为企业规模的扩大会带来一系列的问题，如组织结构的复杂化、管理难度的增加、沟通成本的提高等，这些问题都会对企业的效率产生负面影响。具体来说，企业规模扩大后可能会出现以下问题。

(1) 生产效率下降的问题。随着企业规模的扩大，生产过程中的协调和管理难度也会增加，可能会导致生产效率下降。

（2）组织效率下降的问题。企业规模扩大后，组织结构也会变得更加复杂，管理层次也会增加，这可能会导致组织效率下降。

（3）技术效率下降的问题。企业规模扩大后，技术水平的提高也需要更多的投入，这可能会导致技术效率下降。

（4）市场效率下降的问题。企业规模扩大后，市场需求也会变得更加复杂，企业需要更多的资源来满足市场需求，这可能会导致市场效率下降。

因此，企业规模与企业效率之间存在悖论，企业需要在规模扩大的同时，寻找解决悖论的方法，以保持企业的效率和竞争力。

二、解决企业规模与企业效率之间悖论的方式

企业在扩大规模的同时，可能会面临效率下降的问题，但是随着企业的发展扩大，这一趋势是很难避免的。为了解决这个问题，在保持企业规模扩大的同时不让企业的经营效率出现大幅度降低，可以借助数字化的手段来帮助企业提升经营和管理的效率，图 5-2 所示的是一些可以供企业管理者参考的方法。

图 5-2　提升企业效率的方法

1. 优化流程

企业优化流程是提高效率的重要手段之一，可以通过优化流程来提高企业效率，比如简化流程、减少冗余步骤、引入自动化技术等。具体到实际操作中，企

业可以先对各个流程进行分析，找出其中的瓶颈和问题，并制订相应的改进方案。在数字化转型的过程中，企业应该将各个流程标准化，制定明确的流程标准和规范，避免流程混乱和重复。在信息化技术的帮助下，企业可以将一些重复性高且烦琐的流程进行自动化处理，提高效率。此外，企业还可以建立流程监控机制，对各个流程进行实时监控和反馈，及时发现问题并进行处理。企业优化流程是提高效率的重要手段，需要不断地进行标准化、自动化的优化和改进，才能实现流程优化和效率提高的目标。

2. 自动化转型

自动化是指利用计算机技术和机器人技术，将人工操作转化为机器自动完成的过程。在企业中，自动化可以帮助企业提高效率，减少人力成本，提高生产效率和质量，降低生产成本，提高企业竞争力。

首先，自动化可以帮助企业减少人力成本。例如，使用机器人来完成重复性工作，提高生产效率和质量。机器人可以在 24 小时内不间断地工作，不需要休息和睡觉，可以大大提高生产效率。机器人还可以减少人为因素的干扰，提高产品的生产质量。

其次，自动化可以帮助企业提高效率。使用数字软件来自动化流程，可以减少人工操作，提高工作效率。自动化流程可以帮助企业实现快速响应客户需求，提高客户满意度。此外，自动化流程可以减少错误和重复工作，提高工作效率。

最后，自动化可以帮助企业降低生产成本。在生产过程中使用自动化设备可以减少能源和材料的浪费，提高生产效率和质量。因此，企业应该积极推广自动化技术，提高生产效率和质量，降低生产成本和人力成本，提高企业竞争力。

3. 增加培训

企业可以通过不断增加培训来提高员工的技能和知识水平，从而提高效率。这些培训可以包括技术培训、管理培训等。

技术培训是指为员工提供技术方面的培训，以提高他们的技能水平。例如，一家软件开发公司可以为员工提供最新的编程语言、开发工具和技术培训，以帮助他们更好地完成工作。这样，员工可以更快地掌握新技术，提高工作效率，同时也可以提高公司的竞争力。

管理培训是指为员工提供管理方面的培训，以提高他们的管理能力。比如一家制造业公司可以为员工提供生产管理、质量管理、人力资源管理等方面的培训，以帮助他们更好地管理生产流程和员工。员工通过培训可以更好地掌握管理技能，提高工作效率，同时也可以提高公司的管理水平。

除了技术和管理培训外，还可以为员工提供其他类型的培训，例如销售培训、客户服务培训等。这些培训可以帮助员工更好地了解客户需求，提高客户满意度，从而提高公司的业绩。总之，增加培训可以帮助企业提高员工的技能和知识水平，提高工作效率和管理水平，从而提高公司的竞争力和经营业绩。

案例：富士康——大型集团引领工厂制造业数字化转型的先驱型案例

《人民日报》刊登了一篇关于"灯塔效应"的经济评论，文章认为"灯塔"的作用是引导和照明。将多种新技术融合在一起的数字工厂，应该能够将该模式推广到更多的工厂，促进这些工厂的生产、管理、研发等方面的变革，从而实现从生产到管理，再到技术和能力的输出，并提高企业的竞争能力，促进整个产业链的智能化。世界上最大的智能制造业公司富士康，在这一领域就起到了"灯塔"的作用。

"灯塔工厂"是由麦肯锡公司和世界经济论坛共同发起的一项评选活动，其目的是为了选出那些致力于将第四次工业革命中的前沿科技集成到一起并成为全球楷模的领军企业。要知道，世界上获得 WEF 认证的"灯塔工厂"也就只有 90 家而已。世界上最大的四家分别是深圳龙华园区、郑州园区、成都园区和武汉园区，富士康绝对是业内最顶尖的存在。

1. 数字化转型体系的快速复制

随着数字化转型的不断深入，富士康已经建立起了一套"灯塔"式数字化工厂的标准系统，这种系统能快速地被富士康的其他工厂所采用。自 2020 年以来，富士康在成都、郑州、武汉、深圳、烟台、廊坊等大陆区域内，先后完成了 30 多个"灯塔工厂"的内建改造，覆盖了模具制造、数控加工、表面装配、系统装配等关键领域的升级。而那些被改造过的"灯塔工厂"，也都有资格参加 WEF "灯塔工厂"的评选了。富士康正在稳步地进行着一场由点到面的数字化转型和一场由"灯塔工厂"到"灯塔产业"的革命。

2. 引领行业带动产业互联互通

除了在国内复制和培育"灯塔工厂"外，富士康的数字技术还会对供应链上的各大公司产生深远的影响。富士康有数千个合作伙伴，通过数字技术，可以迅速将富士康的要求传达到各大公司，让它们与富士康的产品进行无缝对接，将质量管理、采购和物流等信息整合在一起，大大提高了它们之间的协同效率。而两者之间的互补，也将会促进整个产业链的联系更加紧密。

除此之外，富士康也在积极推动产业的发展，例如，开展了"智能化"的"加速训练营"。"富士康智能制造加速营"是富士康与国内外企业共同打造的一种开放式的、创新的、具有自主知识产权的智能制造平台。有了"加速营"，新加入的公司可以更快地了解富士康，更好地了解世界上最大的制造工厂。富士康还将与入驻企业进行技术交流，包括现场考察、现场技术验证、专家指导、灯塔工厂经验指导、投融资平台与企业合作、探索灵活的生产模式等。

富士康自从进入大陆以来，在三十多年的时间里，一直在为中国制造业做出积极贡献，同时产生了巨大的影响。富士康为中国的工业化提供了数以百万计的高技能人才和大量的优质劳动力，并且现在富士康紧跟时代潮流，通过数字化转型的集团化实施，一步步稳扎稳打地走在了中国制造业的前列。

第三节　数字化转型与企业成本降低

在当前的疫情背景下，企业越来越难以盈利，未来的情况只会更加艰难，因为市场已经从增量市场转变为存量市场。过去可能许多企业在经营的过程中并不关心成本，因为市场繁荣，赚钱非常容易。但是近年来，大家是否都感受到了市场的不景气？现在，企业的发展已经进入了瓶颈期，业绩和利润都难以再获得突破性的增长。为了生存和发展，企业必须降低成本并提高效率。在数字化经济时代，数字化转型已经成为越来越多企业的重要战略议题。

然而，许多企业缺乏数字化基本认知和意识，在数字化转型的管理实施过程中也客观存在着许多困难和挑战。现在，随着物联网、大数据、5G、区块链等数字技术的逐渐成熟，生产的数字化和网络化特征日益明显，科技技术的高速发展正在为企业的资产、设备和组织人员重新赋能。过去高昂的企业经营成本、闲置浪费的资源和难以提升的工作效率有望得到调整和提升。

一、如何实现企业的降本增效

企业管理的本质在于降低成本并提高效率，这不仅仅是为了减少开支，更重要的是为企业建立长期的成本优势，从而提供持久的竞争力。降低成本只是手段，提高效率才是目的。如果降低成本没有带来效率提升，那么这种做法就是没有意义的。并且，企业要实现降低成本的前提是要实现利润的增长，否则所有的成本削减都将失去其意义和价值。企业真正实现降本增效，需要降低的核心成本主要有三个方面，如图5-3所示。

图5-3　企业降本增效需要降低的三大核心成本

1. 沟通成本

沟通成本是指企业在沟通过程中所花费的时间、人力、物力和财力等资源的成本。沟通成本与企业的效率密切相关，因为沟通的质量、频率和方式对企业的效率有着至关重要的影响。

从企业管理的角度来看，沟通可以分为内部沟通、外部沟通和内外部沟通。内部沟通是指企业内部员工之间的沟通，包括部门之间、同事之间、上下级之间的沟通。外部沟通是指企业与外部客户、供应商、合作伙伴之间的沟通。沟通质量的好坏直接影响到企业的决策和执行效率。频繁的沟通可以加快信息传递和决策执行的速度，但过度沟通也会浪费时间和资源。沟通方式的选择也会影响到沟通效率，例如使用电子邮件、电话、视频会议等不同的沟通方式，会对沟通效率产生不同的影响。

因此，企业需要在沟通成本方面进行合理的控制和管理，以提高沟通效率和降低沟通成本。企业可以通过优化沟通流程、提高沟通质量、合理选择沟通方式等措施来实现这一目标。

2. 决策成本

决策成本是指企业在制定决策过程中所花费的时间、人力、物力和财力等资源的成本。一个企业最大的成本就是决策成本，因为正确的决策需要进行可行性分析、数据支持和调研分析，否则错误的决策会导致企业的成本上升。

企业需要在制定决策时进行充分的可行性分析，以确保决策的正确性和可行性。这包括对市场、竞争、技术、法律等方面进行调研分析，以了解市场趋势、竞争对手、技术发展和法律法规等情况。同时，企业还需要进行数据支持，以便更好地了解市场需求、客户需求和产品特点等信息。因此，企业需要在决策成本方面进行合理的控制和管理，以提高决策效率和降低决策成本。企业可以通过优化决策流程、加强调研分析、提高数据支持等措施来实现这一目标。同时，企业还需要建立完善的决策机制和风险管理体系，以应对政策变化和错误决策带来的风险。

3. 试错成本

在企业成长的过程中，犯错是难免的。因为企业需要不断地尝试新的方法、新的产品、新的市场，才能不断地发展壮大。但是，这些尝试往往伴随着风险和不确定性，可能会导致失败和损失。因此，企业需要通过学习成功和失败的经验，快速总结出有效的方法，以便在未来的尝试中更加成功。

企业需要建立容错机制，允许员工在尝试新的方法时犯错。这样，员工才能更加自由地尝试新的方法，发挥创造力和创新精神。其次，企业需要学习成功和失败的经验。在企业成长的过程中，成功和失败都是宝贵的经验。成功的经验可以帮助企业总结出有效的方法，以便在未来的尝试中更加成功。而失败的经验则可以帮助企业发现问题，总结出失败的原因，以便在未来的尝试中避免类似的错误。学习成功和失败的经验，快速总结出有效的方法，只有这样企业才能不断地发展壮大。

上述的三个成本在财务报表上都是无法直接体现出来的成本，但它们却是企业中最大的隐性成本。企业在发展和转型的过程中如果能对上述的三个成本进行有效的把控，将有效提升企业的经营和管理效率，这是企业进行降本增效的重点。下面将介绍企业如何通过数字化转型的战略实现企业的降本增效。

二、企业数字化如何助力降本增效

数字化转型已成为中小企业"破局"的关键，也是促进中小企业平稳健康发展、稳中增长的重中之重。有专家指出，数字化程度越高的企业受疫情冲击的影响越小，因此数字化转型是企业应对外部不确定性的关键策略。因此，企业必须进行数字化转型，以适应市场变化、提高效率、降低成本、增强竞争力。

首先，通过人力资源管理实现降本增效是关键。无论是设备密集型企业还是劳动密集型企业，无论是 OEM、OBM 企业还是 ODM 企业，也无论是高科技企业还是传统型企业，人力资源的"增效"都是实现企业全价值链的降本增效的关键。人才的成长速度直接影响企业的发展速度。因此，通过"战略目标管理、人才目标管理、运营过程管理"这三个方面来助力公司发展，实现降本增效是非常重要的。借助数字化系统，企业可以建立更加科学的管理方法，以企业战略目标为核心，帮助员工形成共识，建立企业文化，促进部门协作，激励员工思考，实现实时高效的跟进和沟通，确保公司上下一致，全程跟踪过程和结果，真正实现降本增效的目标。

其次，企业可以通过灵活的组织架构管理、多维度编制控制、职务体系的搭建以及流程驱动的员工全生命周期管理，制定有效的人力战略规划，以提升组织能效。另外，企业还可以通过建立适合自身的考核机制，如 OKR、KPI 等，帮助组织发现人才、激励人才，让绩效评估成为人才发展的加速引擎。此外，企业可以通过实时收集数据并进行精准分析，为市场提供符合需求的高质量产品，为员工提供高效率工作流程，以达到降低成本、提高效率的目标。

最后，数字化管理还可以帮助企业整合内外部数据，实现数据驱动决策。这种决策方式可以更深入地了解企业的经营和管理情况，从而促进流程优化和智能化决策。数字化转型可以帮助企业完成从个人经验到智能决策的转变，从而提高决策的质量和效率。

总的来说，企业要完成内部数字化体系的搭建，从而实现企业降本增效的目标，提高抗风险能力。在数字化转型中，企业管理人员应该以注重人力资源的管理、编制灵活的企业架构，通过数据驱动决策的方式，找到降低企业成本的正确路径和方向，以实现数字化转型的降本增效和高质量发展的核心目标。

第四节　数字化转型与企业精准决策

数字化转型是指企业利用数字化技术和数据分析等手段，对传统业务模式进行升级和改造，以提高企业的效率、创新能力和竞争力。数字化转型已经成为企业发展的必然趋势，对企业的影响和意义也越来越被重视。在数字化转型的过程中，企业需要通过数字化技术和数据分析等手段，对企业的各个环节进行优化和改进，以提高企业的效率和创新能力。数字化转型还可以帮助企业更好地了解市场和客户需求，从而更好地制定战略和决策。

数字化决策实际上是一种利用数据分析进行决策的方法。随着大数据概念在近几年的迅速普及，数字化转型已经成为企业必须面对的紧迫问题。一个企业的运营状况和前景的好坏，与其是否能够准确评估企业现状和市场环境从而做出科学的决策密切相关。在信息化高速发展和数据量爆炸式增长的今天，如何利用数据做出科学的判断和决策已经成为企业在激烈的市场竞争中立于不败之地的必要条件。本节将为读者讲解数字化转型与企业精准决策的关系，并介绍企业数字化决策的实现方式。

一、数字化转型对企业决策的影响

1. 数字化转型对企业决策的重要性

数字化转型对企业决策的重要性在于数字化技术和数据分析等手段可以帮助企业更好地管理和分析数据，从而更好地了解市场和客户需求，制定更加精准的战略和决策。数字化转型还可以帮助企业更好地了解自身的业务流程和运营状况，从而更好地制定战略和决策。

2. 数字化转型对企业决策的好处

数字化转型对企业决策的好处主要体现在以下几个方面：一是可以帮助企业进行更加精准的决策，因为数字化转型可以帮助企业更好地了解市场和客户需求，从而制定更加精准的战略和决策。二是可以提升决策的速度，因为数字化转型可以帮助企业更快速地获取和分析数据，从而更快速地做出决策。三是可以提升决策的科学性，企业可以在数字化技术的帮助下更加科学地分析数据，从而做出更加科学的决策。四是可以降低决策的风险，帮助企业更好地了解市场和客户需求，从而降低因错误决策而导致的风险。

二、数字化决策的实现方式

数字化决策在具体的实施过程中需要依靠三个方针，如图 5-4 所示。一是要完整整合所有数据，并且对基础数据仓库进行清洗、归类和整理，为数据的使用做好充分的铺垫和准备。二是要集合先进模型以及人工智能的数据分析软件工具，做好软件工具方面的准备。三是要从企业文化层面以及技术实施层面全面贯彻数字化管理的概念，让企业由内而外地贯彻数字化决策的理念。下面就从这三个方针出发展开叙述。

整合数据

集成软件

贯彻理念

图 5-4　企业实现数字化决策的三个主要方针

要实现数字化决策，源数据的正确性和完整性是至关重要的。这意味着企业需要确保数据的来源可靠，在数据的收集和存储过程中保证数据的准确性和完整性。只有这样，我们才能确保企业的预测模型、算法和数据分析等技术能够产生正确的结果。

在当今商业社会中，信息和数据爆炸的时代已经到来。各个层面都会产生海量数据，这些数据需要被整合、收集、清洗、归类，为数据分析使用做好准备。为了满足企业处理数据的需要，大型数据仓库如 DB、MySQL、Hadoop、SAP

HANA 等应运而生。这些数据仓库可以帮助我们存储和管理大量的数据，从而提高数据的准确性和完整性。此外，各种 ETL 技术也可以帮助我们处理数据，完成清洗、提取、转换等工作，这些技术可以帮助我们从不同的数据源中提取数据，将其转换为企业需要的格式，并将其加载到数据库中。合理使用数字化技术可以帮助确保数据的准确性和完整性，从而提高企业的数字化决策能力。

为了实现数字化决策，企业除了需要确保数据的准确性和完整性之外，还需要采用一套高性能的数据分析软件来辅助进行数据的分析工作。一般来说，这样的软件需要集成先进的建模能力、算法和人工智能技术，能帮助企业提炼所需的相关数据，并通过模型计算，以直观可视化的方式呈现预测和决策结果。

此外，企业在数字化转型的过程中还需要持续扩充数据分析软件的功能，以满足不断变化的业务需求。例如，企业可以添加自然语言处理技术，以便更好地理解和分析文本数据；企业还可以添加机器学习算法，以便更好地预测未来趋势和行业变化。此外，企业需要确保其数据分析软件能够与其他系统和工具无缝衔接，以便更好地利用现有的数据资源。这样，企业就可以更好地实现数字化决策，提高决策效率和业务效率。

仅仅实施数字化决策系统还不能保证其能够在企业中成功运行，因为数字化管理需要企业从文化、组织架构等层面全面贯彻实施。这就需要将数字化管理的理念深入人心，让所有员工都能够理解和接受数字化管理的重要性，并且能够熟练地输入、运行和分析数据，从而在各个层级上进行数字化微决策。

具体来说，在企业文化层面，需要建立数字化管理的文化氛围，让员工认识到数字化管理对企业的重要性，并且能够积极参与数字化管理的实施。在组织架构层面，企业需要重新设计组织结构，建立数字化管理的职能部门和岗位，明确数字化管理的职责和权利。此外，企业还需要加强数字化管理的培训和教育，让员工掌握数字化管理的基本知识和技能，提高数字化管理的素质和能力。同时，企业还需要建立数字化管理的评估和监控机制，及时发现和解决数字化管理中存在的问题，确保数字化决策系统的高效运行。

数字化决策系统的成功实施可以极大地提高企业管理效率，深度挖掘企业和产品的价值。通过数字化决策系统，企业可以提高产品质量、保证准确度和效率，优化成本和生产效率，提升客户体验和满意度，增加销售量和利润，甚至优化现金流和资本运作效率。在竞争日益激烈的市场环境下，数字化决策系统的成功实施将成为企业提高生存能力和竞争优势的最关键利器。

案例：数字化能力与特斯拉的成本优势

在任何时代，迈克尔·波特所述的"总成本领先战略"都是企业在商业竞争中获胜的非常重要的基础，而当前全球利润率"奇高"的大企业，又无一不是利用数字化能力塑造成本优势的高手。

以全球市值第一车企特斯拉为例，由于其掀起了本轮全球智能电动汽车浪潮，产品总是给人更具科技感、前卫感的形象，所以在很多人的直觉印象中，其产品研发成本占比一定很高。可一旦仔细看过特斯拉财报便能发现，它的研发成本占比事实上远远低于众多传统车企。

这种低研发成本优势的构成，很大一部分来源于特斯拉用数字化仿真能力替代了很多传统车企仍在沿用的实体化车辆实验。如车辆碰撞试验，传统车企会造出很多辆样车在专业实验室中频繁地碰撞、获得数据、改进、迭代，不仅费用支出高，还会耗费大量的时间。具备很高数字化仿真能力的特斯拉则可以于初始阶段在电脑系统中进行大量重复性试验，仿真系统臻于完美后，很可能仅用一辆实体样车进行最后验证便可完成整个流程，实现费用成本、时间成本的大大降低。

当然，特斯拉的低研发成本还来源于其精简的产品线，不用为每一条产品线都付出不菲的研发成本。但是，精简的产品线也有可能让企业丧失覆盖更多用户群的可能，且一旦主力产品定义错误便有可能因承担巨大损失而无法翻身，那又该怎样保证在此环节不出现错误呢？

或许目前在智能电动车领域一骑绝尘的特斯拉对此问题的说明力度不够，那我们来学习苹果是怎么做的。

无可置疑，在全球手机企业中，苹果每年发布的手机新品是最少的，但这一款新品又往往能赚走该年度全球手机产业 50%以上的利润。反观苹果的财报，其研发成本占比又常年低于三星、华为等企业(三星研发成本占比通常在 8%左右，华为研发占比通常在 14%左右，而苹果研发占比超过 5%的年份都很少)。那它又是如何能在保持低研发成本优势的基础上，每年都能引领手机行业风潮的呢？

其中很大的功劳来源于乔布斯在世时为苹果制定下的"研发基因"——质量比数量更重要，要在理解用户需求的基础上进行研发而不是像没头苍蝇一样乱撞。"创新不是单单用钱就能解决的问题，苹果发布 MAC 的时候 IBM 的研发支出是苹果的 100 多倍"，乔布斯告诫道。所以一直以来，苹果均习惯于将资金、资源集中在特定的潜力项目上。

那如何判定项目是否具有未来潜力呢？还是要具备很强的数字化能力才能够实现，用户侧的数字化能力能够帮助苹果更了解用户需求以及满足这些用户需求(直营店、iCloud 体系等模式)；产业链侧的数字化能力能够帮助苹果实时掌握最新产业链动态，形成前景项目的"初期独家占有"(库克正是因为超强的供应链管理能力成为乔布斯的接班人)，在技术上领先于其他手机企业，进而在发布新机时引领行业风潮，而当其他手机企业也跟进这一风潮时，也就是在"学苹果"了，进而让苹果保持住品牌优势，形成不断提升企业利润率的良性循环。

第六章

数字化转型与企业商业模式创新

企业的数字化转型是企业从上到下、由内而外的整体转型，数字化转型的过程不仅关乎企业的业务流程，甚至对企业的商业模式创新也会起到十分重要的影响作用。本章将从数字化转型与企业的交易模式、运作模式、组织模式和治理模式等角度入手，深度剖析企业的数字化转型与商业模式创新之间的密切联系。

第一节 创新型商业模式的力量

"当今企业之间的竞争，不是产品之间的竞争，而是商业模式之间的竞争"一句话就阐释出了在当今的时代背景下，商业模式在竞争中发挥的决定性作用。下面就来介绍创新型商业模式究竟能在企业经营中发挥出多大的力量。

一、商业模式概述

我们可以把商业模式理解为价值环节的生态组合。想要深度解读商业模式，除了需要在最直观的企业层面上去分析"利益相关者的交易结构"，还需要在更加深刻的层面上研究"价值环节的生态组合"。

了解"利益相关者"和"交易结构"只是理解商业模式的第一层，真正的内在核心结构应该是"价值环节"和"生态组合"，只有将宏观和微观相结合，才能全面地把握商业模式的概念。所有的创业者都应该明白，一个初创企业只有两种选择：盈利和破产。如何才能避免破产的结果？答案就藏在商业模式的秘密中。

一个优秀的商业模式会迫使你回答以下两个问题：你的钱在谁的口袋？你要如何将这些钱放进自己的口袋？简单来说，企业需要确定目标客户并了解他们的需求，针对客户的情况建立销售机制，确保收入大于成本，才能实现盈利。商业模式要解决的主要问题是企业的利润从哪来。因此，企业进行商业模式的设计，实际上就是要人为地构建一种"人造经济模式"，形成有利于企业自身利润增值的价值链闭环体系。

二、从产品思维转为用户思维

近几年来，"互联网思维"这个概念非常流行。如果我们把所有复杂的描述方式都去掉，就会发现它的本质实际上并不复杂。简单来说，互联网思维就是从过去的以经营企业和产品为中心，转变为以客户需求和体验为中心的商业模式，也就是我们说的从产品思维转变成为用户思维，如图 6-1 所示。

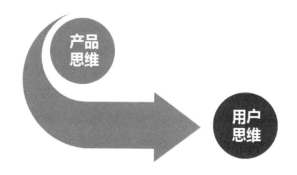

图 6-1　企业经营思维模式的转变

虽然经营客户的理念已经存在了很久，但是全面商业化的互联网商业才真正引爆了这一历史性突破发展，让用户思维成为大多数企业所重视的商业模式。过去，企业在经营中虽然经常口头上说"客户是上帝"，但实际上出发点还是企业自身，他们一直在想如何将产品"营销"给客户，而不是根据客户的需要来制造和销售产品。

互联网思维的核心是以客户为中心，积极挖掘、跟踪和满足客户需求。即使是竞争对手的产品，只要能更好地满足客户需求，也应该被视为"经营客户"的一部分。中国市场已经拥有了丰富的产品，其中高质量的产品数量也不少，但缺乏有效的销售模式是限制其发展的主要因素之一。当前的商业模式已经从产品阶段和渠道阶段转向用户阶段，因为拥有用户就意味着拥有一切。因此，企业家们需要从产品思维向用户思维转变，以更好地满足客户需求。

三、创新型商业模式的案例分析

在未来，产品可能不再是只用来销售，可能还需要具备吸引更多客户的功能。随着时代的变化，靠运气吃饭的时代已经过去，未来的趋势是客户为王，谁能拥有更多的客户，谁就能在市场上占据领先地位。在互联网时代的很多成功的商业模式案例也证明了这一点，下面就来举几个实际的商业案例，证明创新型商业模式的力量。

1. Snapchat 模式

Snapchat 是目前最受欢迎的社交网络之一，拥有 1.87 亿日活用户，这些用户每天在 Snapchat 上花费的时间超过 30 分钟。在 Facebook、Instagram 和 Twitter 等社交网络巨头以不同的方式统治社交网络的同时，Snapchat 通过"阅后即焚"的全新模式成功吸引了大量年轻用户，实现了所谓的蓝海战略。

Snapchat 的成功在于准确把握年轻人的兴趣，并通过独特的新玩法吸引了自己独特的用户群体，特别是更年轻化的社交群体。数据显示，在美国 18 岁至 34 岁的成年人中，有 41%的人每天使用 Snapchat，这一数据比例是十分惊人的。同时，这个年龄段的用户还有消费潜力大、消费需求高等特点，消费能力高于平均水平，这也是 Snapchat 大获成功的重要原因之一。

Snapchat 的商业模式创新主要是基于年轻人的兴趣点，通过满足他们的需求来开发新的收入来源。其中，电商和游戏是最直接的两个领域。现在，Snapchat 正在进行战略转型，逐渐成为一个电商平台，为用户提供全方位的购物服务。除了电商平台，Snapchat 还利用虚拟现实和增强现实技术，建立自己的游戏平台。

2. Uber 模式

创新型商业模式的公司 Uber，是一家基于共享经济的出租车服务公司。Uber 的商业模式是通过一个智能手机应用程序连接乘客和司机，使得乘客可以轻松地叫车，而司机可以更方便地找到乘客。

Uber 的商业模式的创新之处在于它打破了传统出租车行业的垄断，使得更多的人可以成为司机，同时也提供了更便捷、更安全、更舒适的出行方式。Uber 的商业模式的成功之处在于它利用了共享经济的优势，通过将车辆资源共享给更多的人，降低了出行成本，提高了出行效率。同时，Uber 还通过智能手机应用程序提供了更便捷的叫车服务，使得乘客可以随时随地叫车，而不必担心等待时间过长或者找不到车的问题。此外，Uber 还提供了更安全、更舒适的出行体验，使得乘客更愿意选择 Uber 作为出行方式。总之，Uber 的商业模式的创新打破了传统出租车行业的垄断，成为一家成功的创新型公司。

在新时代，只要能够发现市场需求的大势所趋，并在传统商业模式中找到新的市场空缺并适时介入的企业，都有可能通过商业模式的创新创造出非凡的成就。未来，商业模式是创业者必须思考和不断探索的重要课题。无论是个人成长还是企业发展，都需要创新的商业模式，因为创新型的商业模式是实现个人成功和企业盈利的关键。

第二节　数字化转型与企业交易模式创新

数字化转型是当今企业发展的重要趋势，它不仅是企业发展的必然选择，也是企业在市场竞争中获取优势的重要手段。数字化转型的核心是将传统的业务模式、管理模式和技术手段与数字化技术相结合，实现企业的数字化升级和转型。数字化转型不仅可以提高企业的效率和生产力，还可以创造新的商业模式和商业机会。因此，数字化转型与企业交易模式创新是密不可分的。本节将探讨数字化转型对企业交易模式的影响，分析数字化转型对企业交易模式的改变和创新，并探讨企业交易模式创新的实践成果，为企业数字化转型过程中的交易模式创新提供模板和思路。

一、数字化转型对企业交易模式的影响

数字化转型对企业交易模式的影响是多方面的。传统的交易模式往往受到时间、空间、信息和成本等因素的限制，难以满足现代企业的需求。数字化转型为企业提供了更多的交易方式和渠道，使得企业可以更加灵活地进行交易和合作。数字化转型还可以带来更多的数据和信息，为企业提供更多的商业机会和创新空间。

1. 企业传统交易模式的局限性

企业传统交易模式的局限性主要体现在以下几个方面。第一，交易成本高。传统交易模式需要通过中间商或经销商进行交易，这样会增加交易成本，包括物流、仓储、销售等方面的费用。第二，信息不对称。传统交易模式中，买卖双方的信息不对称，卖方往往掌握更多的信息，而买方则很难获取到真实的信息，这会导致交易的不公平性。第三，交易效率低。传统交易模式需要通过人工的方式进行交易，这样会导致交易效率低下，交易时间长，无法满足现代企业快速响应市场的需求。第四，交易风险高。传统交易模式中，企业需要承担更多的风险，包括市场风险、信用风险、物流风险等，这会对企业的经营产生不利影响。第五，无法满足个性化需求。传统交易模式往往是标准化的，无法满足个性化需求，这会导致企业无法满足客户的需求，影响企业的市场竞争力。

2. 数字化转型如何打破传统交易模式的弊端

首先，电子商务平台可以让企业在全球范围内进行交易，打破了传统交易模式的地域限制。其次，数字化转型可以为企业提供更多的数据和信息，帮助企业更好地了解市场和客户需求，为企业创造更多的商业机会和创新空间。通过大数据分析，企业可以更好地了解客户需求，开发出更符合市场需求的产品和服务。最后，数字化转型可以为企业提供更多的合作机会和渠道。比如企业可以使用区块链技术，实现去中心化的交易和合作，提高交易的透明度和安全性，促进企业间的合作共赢。

由上述内容我们可以发现，数字化转型对企业交易模式的影响是多方面的，它可以打破传统交易模式的局限性，带来更多的商业机会和创新空间，促进企业间的合作共赢，对企业的发展起到十分积极的作用。

二、数字化转型与企业交易模式创新的未来趋势

数字化转型和企业交易模式创新是企业发展的重要趋势，未来将继续发挥重要作用，对企业的长期规划和长期发展将会产生十分重要的影响。以下是数字化转型与企业交易模式创新的几大主流趋势，企业可以按照图 6-2 所示思路去规划未来的交易模式创新。

图 6-2　企业交易模式创新的思路

1. 人工智能技术的应用

人工智能技术将成为数字化转型和企业交易模式创新的重要驱动力。人工智能技术可以帮助企业更好地了解客户需求，提高生产效率和质量，还可以帮助企业进行供应链的优化管理等。

在实施中企业需要确定人工智能技术的应用场景，例如自然语言处理、图像识别、智能推荐等。然后进行数据收集和清洗工作，训练和优化人工智能模型，使其能够实现更准确的预测和决策。当技术成熟之后，企业可以将人工智能模型

集成到现有的业务流程中，监控人工智能模型的性能和准确性，并进行优化，不断提高其应用效果。

2. 区块链技术的应用

区块链技术可以帮助企业实现去中心化的交易模式，提高交易的安全性和透明度。未来，区块链技术将在数字化转型和企业交易模式创新中发挥越来越重要的作用。区块链技术在供应链管理、数字身份认证、智能合约等领域都有较大的应用潜力，企业可根据实际业务的需要开发区块链的应用程序，充分发挥其在交易模式创新中的作用。

3. 云计算技术的应用

云计算技术可以帮助企业实现数据的共享和协作，提高企业的效率和生产力。未来，云计算技术将成为数字化转型和企业交易模式创新的重要基础设施。比如，企业可以采用云计算平台进行交易处理，提升交易处理的速度和效率。企业还可以利用云计算平台进行数据分析，通过强大的数据分析工具和算法，帮助企业更好地理解交易数据，从而发现潜在的商机和风险。除此之外，企业还可以利用云计算平台进行交易安全管理，例如进行身份认证、数据加密、网络隔离等，从而保障交易的安全性。在云计算技术的帮助下，企业可以开发出更加灵活、高效、安全、智能的交易模式，从而实现创新。

4. 跨界合作的应用

未来，企业之间的合作将越来越多样化和跨界化。企业将通过跨界合作实现资源共享和优势互补，提高企业的竞争力和创新能力。数字化跨界合作是企业进行交易模式创新的重要手段之一。企业可以采取的数字化跨界合作方式有三种。第一，企业可以与数字化平台(如电商等)合作，通过平台提供的技术和服务，实现交易模式的创新。第二，企业可以与其他行业企业合作，实现共享经济的交易模式，这也是时下热度比较高的跨界合作模式。第三，企业可以与创新型企业合作，例如人工智能企业等，通过合作创新实现交易模式的创新，提高交易效率和用户体验，增强市场竞争力。

　　总之，数字化转型和企业交易模式创新是企业发展的重要趋势，未来将继续发挥重要作用。企业需要不断地创新和变革，适应市场的变化和客户的需求，才能在激烈的市场竞争中立于不败之地。

第三节　数字化转型与企业组织模式创新

　　数字化转型能帮助企业提高效率、提升创新能力和竞争力，目前已经成为现代企业转型发展的主流趋势。而企业的组织模式创新是指企业在数字化转型的过程中，对组织架构、流程和管理方式进行创新和优化，以适应数字化时代的发展趋势和市场需求。企业组织模式创新的重要性在于提高企业的效率、灵活性和创新能力，实现数字化转型的目标。本节将围绕数字化转型与企业组织模式创新展开讨论，探讨数字化转型对企业组织模式的影响。

一、传统企业的组织模式

　　传统企业的组织模式通常是以层级制度为基础的。这种模式通常由高层管理人员领导，他们负责制定公司的战略和目标，并将其传达给下属的中层管理人员。中层管理人员则负责将这些目标转化为具体的行动计划，并将其传达给下属的员工。

　　在传统企业中，通常存在着明确的职责和权利分配，每个员工都有自己的职责和任务。员工通常按照职位等级进行分类，不同等级的员工有不同的薪酬和福利待遇。此外，传统企业通常采用集中式决策模式，即所有的决策都由高层管理人员制定。这种模式通常会导致决策速度较慢，而且可能会忽略下属员工的意见和建议。

　　我们可以发现传统企业的组织模式通常是以层级制度为基础的，这种制度的优势在于职责和权利分配明确，决策集中化，在一定程度上可以保证企业的稳定性和效率，但也可能会限制企业的创新和发展。具体来说，传统企业的组织模式存在以下五个弊端。第一，决策速度慢。传统企业通常采用集中式决策模式，所有的决策都由高层管理人员制定，这种模式会导致决策速度较慢，难以及时应对市场变化和竞争压力。第二，创新能力弱。传统企业的组织模式通常是以层级制度为基础的，职责和权利分配明确，员工的工作任务和职责比较固定，难以激发员工的创新能力和创造力。第三，管理效率低。传统企业的组织模式通常是以层级制度为基础的，管理层级较多，管理效率低下，容易出现信息传递不畅、决策失误等问题。第四，员工士气低。传统企业的组织模式通常是以层级制度为基础的，员工的工作任务和职责比较固定，难以激发员工的工作热情和积极性，容易导致员工士气低下的问题。第五，适应性差。传统企业的组织模式通常是以稳定性为基础的，难以适应市场变化和竞争压力，容易被新兴企业所取代。

从上述内容来看，传统企业的组织模式存在种种弊端，难以适应当今快速变化的市场环境。企业进行数字化转型的过程中需要对传统的组织模式进行突破和发展，以加快企业的成长速度，提升企业的管理能力和经营效率。下面就来探讨数字化转型可以为企业组织模式带来哪些好处。

二、数字化转型能给企业组织模式带来哪些转变

数字化转型对企业组织模式的影响是深远的，企业可以利用数字化技术和数字化思维，对业务流程、组织结构、管理模式等方面进行全面升级和改造，以提高企业的效率、创新能力和竞争力。数字化转型给企业组织模式带来的转变主要体现在 4 个方面，如图 6-3 所示。

1. 组织结构扁平化

数字化转型使得企业的信息流、物流和资金流更加高效，使得企业的组织结构更加扁平化。传统的组织结构中，信息和决策需要经过多层级的传递和审核，

导致决策效率低下。而数字化转型后，信息和决策可以更加快速地传递和执行，使得企业的组织结构更加扁平化，更加适应快速变化的市场环境。

图 6-3　数字化转型给企业组织模式带来的转变

2. 强化协作和沟通

数字化转型使得企业内部的协作和沟通更加高效。通过数字化工具和平台，企业可以实现实时协作和沟通，使得团队成员之间的信息共享更加便捷，协作更加紧密。这有助于提高企业的创新能力和响应速度。

3. 强化数据驱动

数字化转型使得企业更加注重数据的收集、分析和利用。通过数字化技术，企业可以实时收集和分析大量的数据，从而更加准确地了解市场需求和客户需求，优化产品和服务，提高企业的竞争力。

4. 强化人才培养

数字化转型要求企业拥有更多的数字化人才。企业需要通过培训和招聘等方式，吸引和培养具有数字化思维和技能的人才，以适应数字化转型的需求。同时，数字化转型也需要企业建立更加灵活的人才管理机制，以更好地激发人才的创造力和创新能力。

企业组织模式的数字化转型为企业带来了许多机遇，例如，企业可以利用数字化技术来提高员工工作效率、提供更加灵活的工作方式、提供更加完善的培训和发展机会等，从而提高员工满意度和降低员工流失率。总之，数字化转型对企业组织模式的影响是全面的，需要企业在组织结构、协作和沟通、数据驱动和人才培养等方面进行全面升级和改造，以适应数字化时代的需求。

第四节 数据中台与企业模式创新

目前，数据中台已经成为一股热潮。但是什么是数据中台？为什么它能够被广泛接受？在数字化转型的过程中，数据中台扮演着什么角色？如何有效地构建数据中台？这些问题都是我们在本节内容中要讨论的。2016 年，企业开始思考数据的应用场景和价值，随着时间的推移，他们逐渐认识到数据中台和数据能力的积累对企业长期发展的战略价值。在企业数字化转型的领域，有一种流行的说法是，数据中台是企业数字化转型的基石。要真正理解这句话，需要先了解企业数字化转型的核心目标是什么。

一、企业数字化转型的核心目标

1. 实现真正扁平化的高效决策

数字化和智能化的模型支持可以帮助企业更好地收集、分析和利用数据，从而提升业务决策的精度和效率。这些模型可以通过机器学习、人工智能等技术，自动化地处理大量数据，发现数据中的规律和趋势，提供更准确的预测和建议。

通过数字化、智能化的模型支持，企业可以更快地做出决策，减少决策的时间和成本。同时，这些模型可以帮助企业更好地理解市场和客户需求，提供更符合市场需求的产品和服务，提高企业的竞争力。将决策权赋予更小的团队，可以让组织更加扁平化，减少决策的层级，提高决策的敏捷性和效率。这样可以让企业更快地适应市场变化，更好地满足客户需求，提高企业的创新能力和竞争力。

总的来说，通过数字化、智能化的模型支持，可以帮助企业提升业务决策的精度和效率，可以让企业更好地适应市场变化，提高企业的竞争力和创新能力。

2. 实现跨职能部门的协同工作

数字化可以打破传统的竖井式管理现状，使得各职能部门可以更加灵活地组合形成不同形态的作战队形，以应对外部环境的变化。具体来说，数字化可以将各个部门的信息整合在一起，使得不同部门之间可以更加方便地共享信息，避免信息孤岛的情况出现。这样一来，各部门之间的合作可以更加协同，形成更加有力的作战队形。通过数字化技术，企业可以更加快速地响应市场需求，调整产品和服务的组合，以适应市场的变化。同时，数字化也可以使得企业更加灵活地调整内部的组织结构，以适应不同的市场需求。

3. 深入洞察客户需求和体验

数字化时代的客户已经在线化，这意味着他们更倾向于使用数字化渠道与企业进行交互，例如社交媒体、电子邮件、在线聊天和移动应用程序等。这种在线化的趋势使得企业能够更深入地了解客户的需求和体验，因为客户在数字化渠道上留下了大量的数据和信息。数字化技术使得企业能够收集、分析并利用这些数据和信息，以更好地了解客户的需求和体验。例如，企业可以通过分析客户在社交媒体上的行为和反馈信息，了解客户对产品和服务的看法和偏好，从而更好地满足他们的需求。

数字化技术还可以帮助企业更精准地提供满足客户需求的产品和服务。例如，企业可以使用数据分析和人工智能技术来预测客户的需求和偏好，并根据这些预测来开发和推出新产品和服务。这些新产品和服务可以更好地满足客户的需求，从而提高客户满意度和忠诚度。

4. 灵活高效的业务运营管理

数字化时代的企业运营已经发生了巨大的变化，80%的企业运营已经在线化。这意味着企业已经开始使用数字化技术来管理和优化其内部运营流程。通过数字化和智能化技术，企业可以提高内部运营效率，降低运营成本，从而实现更高的生产力和更高的利润率。数字化技术可以帮助企业实现内部运营的自动化和优化。例如，企业可以使用数字化技术来自动化许多重复性的任务，比如数据输入、文件管理和报告生成等。这些任务的自动化可以大大提高内部运营效率，减少人力资源的浪费，从而降低运营成本。

通过上面的叙述内容，可以发现企业进行数字化转型的核心要素已经十分清晰，那就是数字化的思维模式转变、数字化运营模式转变和数据管理模式转变。数字化思维模式指企业内部相信大部分业务运营可以通过数字化和智能化手段，由一线人员根据智能化决策支持进行决策，从而摆脱过去层层上报、经验批复执行的决策模式。数字化运营模式指对企业价值链进行数字化重构，通过数据智能化手段提升运营效率和精度。通常，数字化思维模式的形成会逐步促进数字化运营模式的形成，而数据管理模式转变则是这两个要素的实践基础。业界普遍认可的数据管理模式转变就是搭建企业级数据中台。

二、数据中台是数字化转型的基石

最初，企业内部对数字化转型的认知存在差异，虽然大家都认为数字化转型是趋势，但具体到自己企业，却面临着一系列现实问题，例如为什么要转型、如何转型、转型的投入产出如何衡量等。在这种情况下，数据中台可以以快速低成本的方式验证本企业的可行路径。对于数字化业务运营，例如数字化营销、数字化物流、数字化服务等，企业需要思考如何实施，是否能够提高效率、降低成本，以及实施后的效果如何。数据中台可以提供一个最佳的参考方案。

为什么数据中台是最合适的试验场地？因为数据中台具备基础数据管理能力和数据智能化能力，通过数据智能化驱动业务，使业务智能化。数据中台的六大核心能力满足企业的数字化能力和数据智能化能力。其中数据采集、数据模型、数据资产管理和统一数据服务四大能力打造企业数字化，智能算法引擎和开箱即用的数据应用能力打造企业的数据智能化。所以，数据中台可抽象成数据资产的应用和数据资产的管理两大部分。

1. 数据中台对数据资产应用的意义

企业数据资产对于企业来说非常重要，它可以帮助企业进行决策、优化业务流程、提高效率等。但是，仅仅拥有这些数据资产是不够的，企业还需要将这些数据资产转化为业务智能化变现，这就需要中间的智能算法引擎和开箱即用的数据应用平台作为桥梁。

智能算法引擎是指能够对数据进行分析、挖掘、预测等操作的算法引擎。企业需要将自己的数据资产输入到智能算法引擎中，通过算法引擎对数据进行分析和挖掘，从而得到有价值的信息。这些信息可以帮助企业进行决策、优化业务流程、提高效率等。

但是，智能算法引擎并不是所有企业都能够轻松使用的，因为它需要一定的技术和专业知识。这就需要开箱即用的数据应用平台作为桥梁。数据应用平台是指能够帮助企业快速构建数据应用的平台，它提供了各种数据分析和挖掘的工具与模板，使得企业可以轻松地构建自己的数据应用。

通过数据应用平台，企业可以将自己的数据资产输入到平台中，选择合适的工具和模板，快速构建自己的数据应用，从而实现业务智能化变现。因此，企业从数据资产到业务智能化变现，需要中间的智能算法引擎和开箱即用的数据应用平台作为桥梁。智能算法引擎可以帮助企业对数据进行分析和挖掘，得到有价值的信息，而数据应用平台可以帮助企业快速构建自己的数据应用，实现业务智能化变现。

2. 数据中台对企业数据资产管理的意义

数据中台是指企业内部的一个数据管理平台，它可以将企业内部的各种数据资源进行整合，形成一个全局的数据视图，从而为企业的数据资产管理提供了很多便利。

比如说，企业内部的数据通常分散在不同的系统和部门中，数据中台可以将这些数据进行整合，形成一个全局的数据视图。这样，企业可以更加全面地了解自己的数据资产，从而更好地进行数据管理和利用。数据中台可以为企业提供一个统一的数据模型，这样不同的系统和部门就可以使用相同的数据结构和数据定义，从而避免了数据冗余和数据不一致的问题。

另外，数据中台可以为企业提供一个统一的数据资产管理平台，这样企业可以更加方便地管理自己的数据资产。企业可以通过数据中台对数据进行分类、标准化、归档等操作，从而更好地保护和利用自己的数据资产。企业可以通过数据中台提供的数据服务，快速地获取自己需要的数据，从而更好地支持自己的业务需求。

综上所述，数据中台对企业数据化的意义非常重大，它可以帮助企业更好地管理和利用自己的数据资产，从而提高企业的数据价值和竞争力。因此，企业在进行数字化转型的过程中要格外重视对数据中台的建设和管理，为数字化转型的目标打下坚实的基础。

案例：汽车行业数字化转型案例——广西五菱的车合互联公司

广西汽运集团五菱股份有限公司于 2021 年正式组建了一家合资公司，这家名为"车和互联"的新公司将致力于产品研发与应用的创新，建立起一套完整的数据价值管理系统。

"十三五"时期，广西汽运集团公司积极运用数字化技术，加大自动化、智能化和信息化的创新应用力度，在资源配置、生产组织和价值创造等方面实现了全方位的转型。在生产流程上，持续提高完全自动化的生产能力，将智能化的装备和信息化的技术相结合，为生产的智能化决策提供支撑；在生产环节，将虚拟制造技术引入到生产环节，建立能够与实际生产环节进行实时镜像互动的全映式虚拟流水线，实现虚拟与实体的有效融合，提高"智能制造"和"智能化管理"程度，进而促进企业提质增效。目前，公司的"汽车底盘轻量化关键零部件智能化工厂"已经被工信部认定为柳州市的智能化生产示范工厂，同时，广西汽车集团也连续两年入选数字广西建设重点示范项目。

在此基础上，利用物联网、大数据、智能制造等新型信息技术，构建广西汽车行业"车和互联"工业互联网平台，形成良好的行业生态。例如，构建"工业大数据平台"，能够将数据的价值发挥到最大，并将其应用到传统的制造业中，使这些企业在生产质量、效率和智能化上得到提高；"数字孪生"系统已经在今年试点，并被纳入到了工信部的国家工业互联网创新工程中。它利用虚拟的 3D 模型，将所有的工业要素都完美地复制出来，从而可以在整个过程中，对生产现场进行动态漫游和巡查，从而对产品的质量管理进行全方位的提高，为企业节省了时间和成本，从而促进了产业的数字化转型升级。

广西汽车业集团组建大额"车和互联"分公司，是对传统功能企业进行市场化运作的一次尝试。它打破了技术、市场和区域的边界，以平台技术创新、商业模式创新和制度机制创新为基础，在技术研发、产业合作和商业模式等领域，为汽车行业的生态伙伴企业提供了新的示范价值。一方面，打造了"数字产品""数字运营""数字制造""数字服务"四大核心数字能力，打造了"数字创新桥头堡"，培养了"数字领跑者"；另一方面，借助工业互联网这一新工业革命中的数字化、网络化、智能化的关键技术，整合传统信息产业与汽车产业的资源，构建"九云"平台(研发云、销售云、供应链云、智能云、金融云、办公云、人力资源云、社区云、车联云)，形成产业资源共享、产业链赋能的新经济。车和互联公司将聚焦于解决各行业的共性问题，构建出一套适合于工业生产的、具有较高性价比的智能化解决方案，并为汽车产业和离散制造业提供优质的工业应用服务。将自主创新和联合创新有机地结合起来，一起来解决汽车产业在研究、生产、供应、销售、服务等领域中的数字化转型需求，构建出一个汽车数字化交易生态系统，并对汽车产业的价值链进行重塑。

当前，汽车业已迈入网络时代，汽车业和网络产业"双打"已是大势所趋。车和互联有限公司的设立，更是企业抓住了数字化转型的契机而进行的。在汽车行业迎来新的发展契机之际，车和互联创新工程的正式启动，将为广西汽车集团的数字经济能够健康有序地发展打下坚实的基础，同时也将为行业的转型升级提供新的推动力。车和互联公司通过充分发挥自己的优势，有望成为汽车行业应用创新的引领者和产业创新的推动者，为汽车行业的高质量转型升级做出更多的贡献。

第五节　房地产企业的中台数字化转型

在经历了几年的快速发展之后，中国的房地产业已经从爆发阶段步入了调整阶段，其经营模式也发生了显著的转变。房地产行业已经开始从野蛮生长转变为向管理要效益，以极高的运营效率、极低的成本代价以及创新的管理工具来达到精细化运营。

案例：房地产业转型的关键词——开放与连接

房地产公司出现了"去中心化"的趋势，企业之间的界限变得模糊不清，总体上向着平台型、服务型的方向发展，开放性、关联性成为房地产产业发展的新趋势。此外，互联、智能化、快速革新也是数字物业运作的突出特点。

下面围绕一家房地产企业的数字化转型的案例来探讨企业数据中台创新在实践中的情况。中海地产于 1992 年在中国香港上市，它是行业中的先行者。在纽约、伦敦、悉尼、港澳和内地 60 多个城市中，从事房地产发展和物业经营管理工作已有 40 多年的历史，并已完成 500 多个项目。

自 2018 年起，中海地产开始了企业中台项目的需求研讨和数字化转型的蓝图规划。在中台建设方面，其计划通过三个部分来实现转型目标。

1. 业务中台的打通

业务中台以"四中心、两应用"为核心，构建了客户中心、产品中心、用户中心和流程中心四大业务中心及产品中心管理、会员运营管理两大管理系统。这是中海地产进行业务中台转型的整体架构。

其中，客户中心的主要目的是将客户数据、客户洞察、客户服务和操作基础进行统一，重点放在了将客户数据的打通方面，从而实现客户服务的协同，提高客户洞察力和触达力。产品中心的目标是建立"一房一档"的信息系统，实现信息的全球共享、标识化、管理化，从而帮助企业进行决策。用户中心则是在统一认证平台上，对用户、机构结构等信息进行汇总，并对数据进行规范化的维护。过程体系连接了十多个上游和下游的体系，为外界提供了多流程的服务对接通道，提高了业务的协同效率。建设业务中台在以下几个方面取得了显著成效。

（1）全面整合房地产业务，整合房地产项目从土地获取到房地产经营的整个生命周期，以数字化方式进行管理，确保信息的实时性、透明性、连贯性。

（2）通过财务、设计、招标、工程、运营等部门的协调配合，达到有效的协调运作。全景式的业务连接，降低了人为的介入，实现了交叉控制，整体管理效率提升。

（3）以全数字化平台为基础，建立与顾客的联系，支持多个领域业务的同步发展，并能够整合和共享多个行业的顾客资源，资源的利用效率显著提升。

（4）建立与合作伙伴的联系，转变项目现场的互动模式，提高内部和外部工作的协同效率。智慧工地物联应用可以实现分散接入和统一管理的方式，从而实现了智慧工地的建设。

2. 数据中台的构建

数据中台处于企业数据与业务之间的一个中间层次，它可以加快企业的数据向商业价值转化。中海地产在数据层次上整理了内部的企业业务，整理出一套完整的历史数据，并将其与上游的系统连接起来，把分散在企业内部的数据集中存储起来，形成一个大规模的数据库。通过数据的开放共享与价值挖掘等方式，将数据库中的数据转化为支持企业决策与运作的数据资产。中海地产打通了包括潜在购房者、购物中心会员、养老会员、公寓租客、酒店会员、写字楼人员等在内的各板块客户数据，构建出统一的客户档案及客户画像数据，为产品营销打下了十分坚实的数据基础。在产品方面，制定统一的产品标准，建立产品的标识系统和档案体系，实现了产品管理的数字化。

3. 技术中台的建立

技术中台围绕着"三驾马车"——微服务、容器技术、DevOps 云原生三大技术，支撑着千亿级的商业需求。在中台建设初期，腾讯云就已经加入到了中台的建设中，为中台建设提供了一个完整的中台体系结构。新平台体系结构应能支撑未来的商业活动，保证技术的先进性，并提高 IT 服务的效能，支撑创新的商业模式。在腾讯云的 TSF 服务体系结构的基础上，从一开始就以微服务为基础进行了系统的设计。为了解决单一结构下的系统性能问题，腾讯云提出了一种分布式结构。在中台中，实现了轻量化的 API 服务，并对其进行了分布式的调用，从而确保了服务的高可用性，同时也为以后的业务扩展打下了坚实的基础。

案例分析：中海地产在中台数字化转型的战略实施中，可以清晰地分析出是分成了三大板块来进行的，一是业务中台，二是数据中台，三是技术中台。这三大部分相辅相成，互相支持，给企业整体的数字化转型进程撑起了坚实的框架，帮助中海企业的业务能力实现了质量和效率的飞跃，是中台转型的成功案例，其经验值得企业借鉴。

第七章

以数据驱动企业发展的核心

进入数字化时代之后，数据将成为决策的基础，企业可以通过数据分析和挖掘，发现企业的优势和劣势，制定相应的战略和计划，实现企业的持续发展和增长。当前，数据已经成为企业的重要生产要素，对企业的产品设计、产品制造等方面都有不可忽视的影响。本章我们将为读者介绍数据是如何成为企业发展中的核心驱动力的。

第一节　已经被纳入生产要素的数据

在《中共中央、国务院关于构建更加完善的要素市场化配置体制机制的意见》中，分类提出了土地、劳动力、资本、技术、数据五个要素领域改革的方向，明确了完善要素市场化配置的具体举措。这是中央第一份关于要素市场化配置的文件，数据首次正式被纳入了生产要素的范围。我们可以看到，在官方文件中，数据已经与土地、劳动力、资本、技术等传统要素并列为要素之一，彰显了数据在新的时代背景下的重要地位。

一、将数据纳入生产要素范畴的原因

随着信息经济的不断发展，信息资源，尤其是以大数据为代表的信息资源，正在逐渐转化为生产要素的形式。2014 年，习近平总书记主持召开中央网络安全和信息化领导小组第一次会议时指出，"网络信息是跨国界流动的，信息流引领技术流、资金流、人才流，信息资源日益成为重要生产要素和社会财富，信息掌握的多寡成为国家软实力和竞争力的重要标志"。2017 年，习近平总书记再次强调，"在互联网经济时代，数据是新的生产要素，是基础性资源和战略性资源，也是重要生产力""要构建以数据为关键要素的数字经济"。数据已和其他要素一起融入经济价值创造的过程之中，对生产力发展具有广泛影响。

数据生产要素的提升对经济增长长期动力和国家未来发展具有重要影响。为实现创新发展，各国都将推进经济数字化作为重要动能，并在前沿技术研发、数据开放共享、隐私安全保护、人才培养等方面做出前瞻性布局。我们也应推动实体经济和数字经济融合发展，加速制造业向数字化、网络化、智能化发展，提升国家治理现代化水平，建设智慧城市，构建全国信息资源共享体系。利用大数据平台，分析风险因素，提高感知、预测、防范能力。基于此，《意见》明确将数据作为一种新型生产要素写入政策文件，充分发挥数据这一新型要素对其他要素效率的倍增作用，培育发展数据要素市场，使大数据成为推动经济高质量发展的新动能。

二、中国各领域数字化发展的现状与潜力

根据麦肯锡发布的中国数字经济报告，该报告从国际地位、数字化进展、背后的驱动力以及政策和商业环境五个方面对国内数字化生态及其潜力进行了解读。麦肯锡的中国数字化指标揭示了中国 22 个领域的 5 个数字化发展情况。

(1) 在中国，ICT(信息通信技术)、媒体(数字内容提供商和出版商)和金融(客户关系管理解决方案等)是数字化程度最高的领域，与其他发达国家持平。

(2) 面向消费者的行业数字化程度，如票务和二手交易等各类数字渠道销售、电子商务的渗透等，领先于国际水平。

(3) 政府相关产业(电力等公共事业、卫生保健、政务、教育等)大力投资数字化，其在整体产业数字化指数的排名要高于美国或欧盟(整体规模仍落后)，部分行业(如智能电网)超过了美国。

(4) 资本密集型产业(如先进制造业、石油和天然气制造、化工、医药等)数字化程度排名相对较靠后，这是因为在这些行业数字化支出在总支出中占比相对较小。

(5) 本土化和碎片化产业(如房地产、建筑、农业、个人和地方服务等)的数字化程度相对较低，这将使得这些行业的竞争更加激烈。

总体来看，中国的数字化产业经济相对于发达国家还有一定的差距，但这个差距正在迅速缩小。政府的政策支持(如互联网产业、智造产业等)和投资推动(如IT 基础设施等)在其中起到了重要的作用。

第二节　数字孪生与数据驱动产品设计

企业进行数字化转型的过程中，可以利用数字技术在产品设计方面进行升级和优化。本节将为读者介绍数字孪生技术，并介绍企业如何使用数字孪生等数字技术进行产品设计的数据驱动。

一、数字孪生技术

1. 数字孪生的定义和发展历程

数字孪生是指将现实世界中的物理实体数字化，以便在虚拟环境中进行模拟、测试和优化。数字孪生技术可以帮助企业更好地理解其产品、设备或系统的运行情况，从而提高效率、降低成本和风险。数字孪生的发展历程可以追溯到 20 世纪 60 年代，当时美国国家航空航天局(NASA)开始使用数字孪生技术来模拟和测试航天器的设计和运行情况。随着计算机技术的发展，数字孪生技术逐渐应用于其他领域，如汽车、航空、能源、医疗等。近年来，随着物联网、云计算、人工智能等技术的发展，数字孪生技术得到了更广泛的应用。企业可以利用数字孪生技术来模拟和优化产品设计、生产过程和运营管理，从而提高效率、降低成本和风险。数字孪生技术还可以帮助企业实现智能化、数字化转型，提高市场竞争力。

2. 数字孪生技术的优势和难点

数字孪生技术可以帮助企业更快地进行产品设计、生产过程和运营管理的优化，从而提高效率，并提高其创新能力。也可以帮助企业更好地理解其产品、设备或系统的运行情况，从而降低维护和修理成本。数字孪生技术可以帮助企业在虚拟环境中进行模拟和测试，从而降低实际运行中的风险。

数字孪生技术发展的难点在于，需要大量的数据支持，但数据质量不佳可能会影响数字孪生的准确性和可靠性。同时，还需要大量的计算资源和技术支持，企业要做好付出较高成本的准备。在安全问题方面，由于数字孪生技术涉及企业的核心数据和知识产权，安全问题必须格外重视，否则可能会给企业带来数据泄露等重大风险。还有就是很多企业面临数字人才短缺的问题，而数字孪生技术需要专业的技术人才支持，可能会导致发展速度慢、应用效果不佳等问题。

二、数据驱动产品设计

1. 数据驱动产品设计的特点

数据驱动产品设计是指在产品设计过程中，通过收集、分析和利用大量的数据来指导决策和优化产品的设计。它的特点包括：

(1) 基于数据的决策：数据驱动产品设计的决策是基于数据的，而不是基于主观的猜测或假设。通过收集和分析数据，可以更准确地了解用户需求和行为，从而做出更明智的决策。

(2) 用户中心：数据驱动产品设计的核心是用户。通过收集和分析用户数据，可以更好地了解用户需求和行为，从而设计出更符合用户需求的产品。

(3) 迭代优化：数据驱动产品设计是一个迭代的过程。通过不断地收集和分析数据，可以发现产品的问题和机会，并进行优化和改进。

(4) 风险控制：数据驱动产品设计可以帮助降低产品开发的风险。通过收集和分析数据，可以更好地了解市场和用户需求，从而减少产品开发失败的风险。

(5) 效率提升：数据驱动产品设计可以提高产品开发的效率。通过收集和分析数据，可以更快地了解用户需求和行为，从而更快地做出决策和优化产品。

由此可见，数据驱动产品设计是一种基于数据的用户中心的迭代优化过程，可以帮助降低风险、提高效率和设计出更符合用户需求的产品。

2. 数据驱动产品设计的方法和流程

数据驱动产品设计的方法和流程可以分为以下几个步骤。

(1) 收集数据：收集用户数据是数据驱动产品设计的第一步。可以通过用户调研、用户行为分析、用户反馈等方式收集数据。收集的数据应该包括用户的需求、行为、偏好等信息。

(2) 分析数据：分析数据是数据驱动产品设计的核心。通过数据分析工具，如 Google Analytics、Mixpanel 等，对收集到的数据进行分析，找出用户的痛点、需求和行为模式等信息。

(3) 制定策略：根据数据分析的结果，制定产品设计策略。例如，根据用户需求和行为模式，设计出更符合用户需求的产品功能和界面。

(4) 设计原型：根据制定的策略，设计产品原型。原型可以是手绘图、线框图或交互式原型等形式。原型应该能够清晰地展示产品的功能和界面。

(5) 测试原型：测试原型是验证产品设计是否符合用户需求的关键步骤。可以通过用户测试、A/B 测试等方式测试原型，收集用户反馈和数据。

(6) 优化产品：根据测试结果，对产品进行优化。优化可以包括修改产品功能、界面、交互等方面。优化后的产品应该更符合用户需求和行为模式。

(7) 发布产品：发布产品是数据驱动产品设计的最后一步。发布后，可以继续收集用户数据，进行迭代优化。

总之，数据驱动产品设计的方法和流程是一个不断收集、分析、制定策略、设计原型、测试、优化和发布的迭代过程。通过数据驱动的方法，可以设计出更符合用户需求和行为模式的产品。

三、数字孪生与数据驱动产品设计的结合

数字孪生和数据驱动产品设计的结合，可以帮助企业更好地理解和满足用户需求。通过数字孪生技术，企业可以建立一个虚拟的产品模型，模拟不同的使用

场景和条件，收集大量的数据。通过数据分析，企业可以了解用户的需求和行为，发现产品的瓶颈和改进点，从而优化产品设计和生产过程。

例如，一家汽车制造商可以通过数字孪生技术建立一个虚拟的汽车模型，模拟不同的驾驶场景和路况，收集大量的数据。通过数据分析，企业可以了解用户的驾驶习惯和需求，发现汽车的瓶颈和改进点，从而优化汽车设计和生产过程，提高汽车的性能和用户体验。总之，数字孪生与数据驱动产品设计的应用案例非常广泛。数字孪生和数据驱动产品设计的结合，可以帮助企业更好地了解用户需求和行为，优化产品设计和生产过程，提高产品的质量和用户体验。

数字孪生与数据驱动产品设计的未来发展趋势将会向更加智能化的方向发展，拓展到更多应用领域。数字孪生技术将不仅仅应用于制造业，还将应用于医疗、教育、金融等领域。与此同时，这一方式还可以帮助企业实现个性化定制，根据用户的需求和行为，定制出更加符合用户需求的产品和服务。在人机协作领域，数字孪生技术也有一定的发展空间，可以帮助人和机器更加高效地协同工作，提高企业生产效率和质量等。总之，数字孪生与数据驱动产品设计的未来发展趋势非常广阔，将帮助企业更好地了解用户需求和行为，优化产品设计和生产过程，提高产品的质量和用户体验。

案例：哈工智能的数据驱动产品设计应用方式

哈工智能是中国领先的机器人和智能制造解决方案的提供商。它们的业务范围涵盖：工业机器人、智能物流装备、智能制造及解决方案等。基于数字孪生技术，哈工智能致力于数据驱动产品设计。

1. 数字孪生技术助力工业机器人生产

哈工智能在研发工业机器人时，引入数字孪生技术，建立了智能制造数字模型，将机器人的各个组成部分通过数字化手段全部呈现出来，实时监测机器人的工作流程，包括运动、传感器数据分析以及输出等。这使得哈工智能可以在数字模型中对机器人进行仿真操作，因此能够快速优化设计，减少生产时间，提高产品品质。通过数字孪生技术，哈工智能能够预测机器人的运行结果，进而优化机器人的设计和性能，提高加工精度和速度。

2. 数字孪生技术优化智能仓储设备

哈工智能利用数字孪生技术优化了智能仓储设备的设计。它们通过数字孪生技术建立了智能仓储设备的数字模型，实现了对设备的维护和监测。借助数字孪生技术，哈工智能可以模拟仓储设备的运作情况，以及在不同工作环境下的运营状况，以寻找最适合的解决方案。这使得哈工智能的智能仓储设备在运作过程中，具有更高的稳定性和可靠性。

综上所述，哈工智能利用数字孪生技术实现了数据驱动产品设计和智能制造。这使得它在工业机器人和智能制造领域具备了更快、更准确、更高效的解决方案。

第三节　产品制造环节的数据驱动

随着信息技术和工业技术的深度融合，工业企业的各个环节都被信息技术所渗透，这使得工业企业所拥有的数据越来越丰富。工业大数据是指在工业领域应用信息技术所产生的数据，具有大量、多源、连续采样、价值密度低、动态性强等特点。信息技术，特别是互联网技术，正在对传统工业发展方式产生颠覆性和革命性的影响。二维码、RFID、传感器、工控系统、物联网、ERP、CRM 等技术的广泛应用，推动工业企业实现生产流程各环节的互联互通，促进互联网与工业的融合发展。然而，网络、通信、硬件设备等只是工业企业实现互联互通的基础，实时感知、采集、监控生产过程中产生的大量数据，运用大数据技术对企业产生、拥有的海量数据进行挖掘，得到有用的分析结果，才能实现智能制造。

实现互联网与工业融合创新的必要条件是多源数据的融合，而要实现对多种来源、多种类型海量数据的分析处理，以及复杂的数据关联关系挖掘，都需要有大数据的支持。在大数据的推动下，互联网与工业进一步深度融合，新的模式和业态不断涌现，产业模式、制造模式和商业模式正在重塑，企业、市场和用户之间的互动程度和范围得到加深与扩展，企业与用户关系加速重构，生产周期从产品的设计、研发、制造到产品的销售、服务等逐渐构成闭环。工业大数据驱动智能制造的四种作用模式，如图 7-1 所示。

图 7-1　工业大数据驱动智能制造的四种作用模式

一、个性化定制

通过互联网平台收集用户的个性化产品需求和交互交易数据，企业能够挖掘和分析这些客户动态数据，帮助客户参与到产品的需求分析和产品设计等创新活动中，实现定制化设计。柔性化的生产流程能够为用户生产出量身定做的产品。例如，海尔集团沈阳冰箱工厂利用云技术将用户需求和生产过程无缝对接，用户个性化需求可直接发送到生产线上，实现定制化生产。用户还可通过生产线上的上万个传感器随时查到自己冰箱的生产进程。目前，一条生产线可支持 500 多个型号的产品进行柔性化大规模定制，生产时间可以缩短到 10 秒一台。

利用虚拟仿真技术，传统生产企业可以实现对原有研发设计环节过程的模拟、分析、评估、验证和优化，从而减少工程更改量，优化生产工艺，降低成本和能耗。测试、验证环节不再需要生产出实物来评测其性能等指标，从而避免成本随测试次数增加而不断提升的问题。长安福特采用虚拟仿真技术改良汽车设计环节，设计师带着 3D 眼镜能够看见最新设计的福特轿车，甚至还能够模拟坐进车内，感受内装是否符合心意。如果有任何不好的地方，设计师能够马上通过软件修改，减少了开发产品的次数，能够在短时间内完成更多的设计工作，更快地反映市场的需求。

通过建设和完善研发设计知识库，企业可以促进数字化图纸、标准零部件库等设计数据在企业内部以及供应链上下游企业间的资源共享和创新协同，从而提升企业跨区域研发资源统筹管理和产业链协同设计能力。同时，可以优化重组研发流程，提高研发效率，提升企业管理利用全球研发资源的能力。例如，中国商飞公司的产品研发制造全程均在全球协同网络环境平台的管理下开展。商飞公司仅负责飞机的总体设计，将零部件设计、制造工作全部外包给全球各地零部件供应商。商飞利用计算机模型进行总体结构的虚拟装配，利用每个部件的生产数据进行部件的组装和校验工作，组装完成的各机体被运送至商飞公司的总装工厂，进行最后的大部件对接和总装工作。商飞公司 ARJ21 支线飞机全机的 31 000 项零部件中，有超过 77%是在全球 10 多个国家、104 家供应商之间协同研发和制造完成的。这种方式不仅提高了研发效率，还优化了重组研发流程，提升了企业管理利用全球研发资源的能力。

二、智能化生产

现代化工业制造生产线安装有数以千计的小型传感器，用来探测温度、压力、热能、振动和噪声等，利用这些数据可以实现多种形式的分析，包括设备诊断、用电量分析、能耗分析、质量事故分析(包括违反生产规定、零部件故障)等。在生产过程中使用这些大数据，就能分析整个生产流程，一旦某个流程偏离了标准工艺，传感器就会发出报警信号，管理人员可以快速地发现错误或者瓶颈所在。例如，美国 GE 集团在纽约州斯克内克塔迪市有一家氯化镍电池工厂，18

万平方英尺的电池生产厂区内，安装了 1 万多个传感器，用来监测相关的温度、能耗和气压，并全部连接高速内部以太网络进行数据传输。在流水生产线外，管理人员手拿 iPad 通过工厂的 Wi-Fi 网络来获取这些传感器发来的数据，监督生产过程和一天的产能。如果抽检的电池在某一环节出现了问题，就可以通过跟踪数据发现问题的根源并及时解决。传感器和机器之间也有数据交换，当某一传感器发现流水线移动缓慢时，就会"告知"机器，让它们传输的速度慢一点。

将生产制造各个环节的数据整合集聚，并对工业产品的生产过程建立虚拟模型，仿真并优化生产流程。当所有流程和绩效数据都能在系统中重建时，对各环节制造数据的集成分析将有助于制造商改进其生产流程。例如，在能耗分析方面，在设备生产过程中利用传感器集中监控所有的生产流程，对所有流程进行分析，能够发现能耗的异常或峰值情形，由此便可在生产过程中优化能源的消耗，此举将会大大降低能耗。

德国安贝格电子工厂基于西门子 PLM 软件在虚拟环境中仿真产品的研发和生产，并在真实世界的工厂中进行实际操作，既实现了产品跨行业的多样化，也提升了产品的生产效率和质量。研发环节，安贝格拥有一个虚拟的工厂，研发设计部门把虚拟的研发产品同步给生产部门来生产，这两个部门有着统一平台，并时刻保持着协调性和一致性。真实工厂生产时的数据参数、生产环境等都会通过虚拟工厂来反映出来，而人则通过虚拟工厂对现实中的真实工厂进行把控。生产环节，当一个元件进入烘箱时，机器会判断该用什么温度以及温度持续的时间长短，还可以判断下一个进入烘箱的元件是哪一种，并适时调节生产参数。安贝格工厂的每一条生产线每天并不是一成不变地只生产一种产品，生产系统会实时同步研发部门的最新指示，自动跳转到不同产品或者器件的生产模式。在这样的生产模式下，该工厂每年可生产约 1000 个品种共计 1200 万件工业控制产品。按照每年生产 230 天计算，平均每秒就能生产出一件产品，其中每百万件产品中有缺陷的只有 15 件，缺陷率仅为德国工人的 1/25。

推动现代化生产体系的建立。通过对生产制造全过程的自动化控制和智能化控制，促进信息共享、系统整合和业务协同，实现制造过程的科学决策，最大程度实现生产流程的自动化、个性化、柔性化和自我优化，实现提高精准制造、高端制造、敏捷制造的能力，加速智能车间、智能工厂等现代化生产体系的建立，实现智能化生产。

三、精益化管理

RFID 等电子标识技术、物联网技术以及移动互联网技术能帮助工业企业获得完整的产品供应链的大数据，利用这些数据进行分析，将带来仓储、配送、销售等效率的大幅提升和成本的大幅下降。通过跟踪产品库存和销售价格，并准确地预测全球不同区域的需求，最终运用数据分析得到更好的决策来优化供应链。例如，京东于 2014 年推出了"JD+"计划，与制造业企业深度合作并提供全方位支持，促进智能硬件行业的创新发展。加入"JD+"计划的合作伙伴可获得的京东服务包括：库存、日销、流量等数据信息；专业化的供应链服务支持；云计算、大数据等方面的技术支持。同时，对于优质企业还将依据评估结果为其提供小微贷款或孵化资金支持。

整合企业生产数据、财务数据、管理数据、采购数据、销售数据和消费者行为数据等资源，通过数据挖掘分析，能够帮助企业找到生产要素的最佳投入比例，实现研产供销、经营管理、生产控制、业务与财务全流程的无缝衔接和业务协同，促进业务流程、决策流程、运营流程的整合、重组和优化，推动企业管理从金字塔静态管理组织向扁平化动态管理组织转变，利用云端数据集成驱动提升企业管理决策的科学性和运营一体化能力。北京智慧联合公司通过大数据情报分析，为华北地区水泥行业提供"冬储"生产管理应用解决方案。华北地区水泥行业冬季无法施工，只能储存起来，但无法把握"冬储"水泥的数量。智慧联合通过对华北地区本年度及来年工程项目的搜集分析，得出相应工程量，再根据单位工程量所需水泥数量，大致计算出华北地区第二年度总的水泥需求量，结合竞争对手、销售渠道分布等因素，最终估算出公司的水泥生产数量。

四、服务型制造

大数据将帮助工业企业不断创新产品和服务，发展新的商业模式。通过嵌在产品中的传感器，企业能够实时监测产品的运行状态，通过商务平台，企业能够获得产品的销售数据和客户数据。通过对这些数据的分析和预测，企业能够开展故障预警、远程监控、远程运维、质量诊断等在线增值服务，提供个性化、在线化、便捷化的增值服务，扩展产品价值空间，使得以产品为核心的经营模式向"制造+服务"的模式转变。

在 GE 软件研发中心，工作人员通过测试筛选 2 万台喷气发动机的各种细小警报信号，可以提供发动机维修的前瞻性评估数据，包括能够提前一个月预测到哪些发动机急需维护修理，准确率达到 70%。这套系统的另一个价值，就是可以让飞机误点几率大幅降低。因为，每年航班延误给全球航空公司带来约 400 亿美元的损失，其中 10%的飞机延误，正是源自飞机发动机等部件的突发性维修。GE 航空还和埃森哲成立了一家名为 Taleris 的合资公司，为全球各地的航空公司和航空货运公司提供监测服务。当一架飞机落地以后，Taleris 很快就可以把飞机数据用无线的方式传递出去，随后据此为之量身打造一套专门的维修方案。航空公司因此也能够对飞机上的各项性能指标进行实时监测和分析，并对故障进行预测，从而避免飞机因计划外的故障造成损失。

积极推动我国工业大数据发展，做好发展工业大数据的总体设计。首先，开展工业大数据发展的相关法规、技术标准体系和数据标准体系建设，抓住在中国市场制定竞争新规则的机会；其次，聚焦重点行业领域工业大数据发展，形成中国自主的核心工业信息技术体系，打破西方主导格局；最后，瞄准我国用户的需求与本土环境特点，打造具有中国特色的工业大数据服务，实现规模化市场应用。

第四节　企业的数据安全治理能力

数据安全治理不是一种技术，更不是什么应用。对数据安全治理最好的形容方式是一种通过数据安全技术、数据安全业务、数据安全管理、数据安全应用和数据安全思想等组成的一种体系，是一种涉及企业业务流程、组织建设、研发生产、运营推广、市场营销等不同部门和业务线的系统级工程。

通过数据安全治理，企业能够将数据生产、传输、存储、调用等数据生命全周期进行规范化、流程化、标准化，实现数据在企业中的安全，让数据资产能够在流通使用的同时，不发生安全泄漏事故。虽然一提起企业数据安全，大家很容易就能在脑海中想起黑客、破解、骇入等词汇，但实际上企业安全治理除了外部，还需要提防企业内部出现问题。据统计，将近一半的企业数据出现问题，其原因来自内部，例如内部员工有意或无意间向其他人员说出或提供了公司机密文件；又或是员工以及数据保管人员不注意数据的传输和储存，导致数据在流通中丢失；也有可能是合作伙伴借助合作机会从企业内部得到了机密的商业数据。

总的来说，数据安全治理和数据治理类似，其关键在于找出容易出现数据泄漏问题的环节或是节点，从内到外进行全面的数据安全治理建设，同时，数据安全治理的另一重要考验是当地的法律法规以及舆论话题的数据风险。在数字经济愈发强大，数据价值不断提升的同时，数据已经成为当前社会中每个人都在关注的重要资产，企业想要传输、存储、利用数据首先要明确国家整体或当地特别要求的法律、法规，以及自身的数据安全管理制度、规范、标准等。

一、数据安全治理的要点

1. 提升企业数据安全治理技术

培养数据安全治理人才。企业想要提升安全治理能力，首先要提升数据安全治理技术水平。这方面有两个方向可以选择，一是从零开始发展数据安全部门，培养和招聘数据安全人才，搭建商业智能 BI 数据仓库，对数据进行 ETL 规范处理，不过这需要企业有足够的资金和时间来投入资源；二是从员工出发，建立奖惩制度，让每个员工明白数据安全的重要性，并进行数据安全治理培训，让员工从自身开始对数据流通和使用进行限制。

2. 培养数据安全治理意识

建设数据文化驱动企业发展。企业建设数据安全体系，首先要明白数据安全不是"为他人服务"，而是涉及企业自身发展、战略规划、业务记录、合同订单、商业机密等经营管理方面危险的自我建设，在提升数据安全治理能力后，企业能够通过商业智能 BI 为企业日后数据分析、可视化报表等决策方式提供基础。

3. 组织建设人员数据管理

搭建数据全周期发展体系。在这种数据安全体系中，最关键的就是高层管理必须以身作则，从一线员工开始建立一整套规范，利用商业智能设计数据指标，规划统一的数据权限管理、数据分级管理、数据溯源管理、数据评估管理等，只有企业全体员工以不同方式共同努力建设数据安全体系，才能避免数据安全出现问题。

二、数据安全治理的总结

数字化的到来给人们的生活提供了极大的便利，让人们足不出户就能享受衣食住行等服务，但这种便利也意味着数据边界的模糊，导致数据安全不断受到挑战，这种挑战包括隐私泄漏、平台账号被盗、手机号码爆破等个人安全问题，也包括商业机密被窃、源码泄漏、业务数据传播等企业安全问题。企业在进行数字化转型的过程中，一定要注意对数据安全问题的治理，确保企业的数据安全。

案例：建设银行的数据安全治理方式

在金融行业，由于企业拥有大量的用户个人敏感信息和财务数据，因此数据安全问题是十分重要的。下面我们以建设银行为例，来介绍其采取了哪些数据安全治理方式来护卫数据安全。

1. 建立完善的数据安全管理制度

建设银行建立了专门的数据安全管理机构和数据安全管理系统，制定了多项规章制度，对涉及客户隐私、财务数据等敏感信息的业务采取了严格的保护措施，从制度层面上就体现出了对数据安全的高度重视。

2. 强化信息安全防范

银行采用了多种信息安全技术，如加密、隔离、审计和备份等手段，为各类数据提供全方位的安全保护。使用更多的技术手段来进行数据安全的治理，往往可以取得更好的数据安全治理效果，因此对于银行业来说，多种数据保护手段是必要的。同时，建设银行也十分重视完善网络安全体系，采用安全防护设备、入侵检测设备、运维安全管理设备等，防止关键数据通过网络渠道泄露，确保了银行的网络安全。

3. 权限管理制度和安全培训

建设银行采用安全的身份认证机制，内部系统仅授权给有权操作的人员使用，这一机制可以有效限制数据接触的人员，确保数据的安全。此外，建设银行还重视加强员工的安全意识教育和培训，定期组织安全知识测试、演习等活动，提高员工的安全意识和应急响应能力，在员工层面上强化了数据安全的防护。

通过以上措施，建设银行确保了数据的安全性和可靠性，有效保障了客户信息的安全，并提高了整个企业的安全防范水平。数据安全不仅对现代金融业来说是至关重要的，对互联网时代背景下的很多行业都具有非同一般的意义，建设银行的数据安全治理方式值得借鉴。

第五节　企业数字化转型中的数据安全攻防

在企业数字化转型的过程中，除了要积极利用数字技术全方面地推进企业的快速发展，还需要小心提防在企业转型过程中可能会出现的安全问题。当公司内部网络被攻破，所有的数据都被盗走时，企业将会面临巨大的商业损失，因此，需要做好数据安全的防护工作，也就是企业数字化转型中的安全攻防。

一、数据安全攻防的案例

1. 美国马里兰州医疗机构遭黑客攻击事件

2019 年，美国马里兰州的一家医疗机构遭到黑客攻击，导致超过 30 万名患者的个人信息被盗取。这些个人信息包括姓名、地址、社会安全号码、出生日期、医疗记录等敏感信息。该机构在数字化转型过程中未能充分保护其数据安全，导致了这次严重的数据泄露事件。

据报道，黑客是利用了该医疗机构的网络系统中存在的漏洞进行的攻击。这些漏洞可能是由于该机构在数字化转型过程中未能及时更新其网络系统，或者未能采取足够的安全措施来保护其网络系统所造成的。黑客通过这些漏洞进入了该机构的网络系统，并成功地窃取了大量的患者个人信息。

这次事件给该医疗机构带来了巨大的损失，不仅失去了患者的信任，还可能面临法律诉讼和罚款。此外，该事件也提醒了其他企业在数字化转型过程中要加强网络安全防御，建立完善的数据安全管理制度，加强员工的安全意识教育，以保障企业数据的安全。

这次事件再次提醒企业在数字化转型过程中要重视数据安全攻防，加强网络安全防御，建立完善的数据安全管理制度，以保障企业数据的安全。

2. 德国联邦议会遭网络攻击事件

2021 年，德国联邦议会遭到网络攻击，这次攻击是由俄罗斯黑客组织 APT28 发起的。黑客利用议会网络系统中的漏洞进行攻击，成功地窃取了大量机密信息。这些机密信息包括议员的个人信息、政治立场、通讯记录等敏感信息。这次事件引起了德国政府的高度关注，德国总理默克尔也对此表示了关切。

这次事件再次提醒企业在数字化转型过程中要加强网络安全防御。企业在数字化转型过程中，网络安全问题是必须要重视的。企业应该建立完善的网络安全管理制度，加强网络安全防御，及时更新网络系统，加强员工的安全意识教育，以保障企业数据的安全。

此外，企业还应该加强对网络攻击的预防和应对能力。企业可以通过建立网络安全应急预案、加强网络监控、加强数据备份等方式来提高网络安全防御能力。同时，企业还应该加强与网络安全相关的技术研发和人才培养，以提高企业的网络安全防御能力。

3. 中国银行客户信息泄露事件

2020 年，中国某银行内部员工泄露客户信息事件引起了广泛关注。据报道，该银行的一名内部员工利用其职务之便，将客户信息泄露给了第三方。这次事件暴露了该银行在数字化转型过程中数据安全管理的不足，未能有效控制员工的权限和数据访问权限。

首先，该银行在数字化转型过程中未能充分重视数据安全管理。随着数字化时代的到来，银行业务越来越依赖于信息技术，客户信息也越来越多地存储在电子设备中。然而，该银行在数字化转型过程中未能充分重视数据安全管理，没有建立完善的数据安全管理体系，导致员工可以轻易地获取客户信息。

其次，该银行未能有效控制员工的权限和数据访问权限。在银行业务中，员工需要访问大量的客户信息，但是这些信息应该受到严格的权限控制和访问控制。然而，该银行未能有效控制员工的权限和数据访问权限，导致员工可以轻易地获取客户信息，并将其泄露给第三方。

最后，该事件对客户信息安全造成了严重影响。客户信息是银行业务的核心资产，一旦泄露，将对客户造成严重的财产和信用损失。此次事件不仅暴露了该银行在数据安全管理方面的不足，也对客户信息安全造成了严重影响，损害了该银行的声誉和信誉。

综上所述，该银行内部员工泄露客户信息事件暴露了该银行在数字化转型过程中数据安全管理的不足，未能有效控制员工的权限和数据访问权限。银行业务需要更加重视数据安全管理，建立完善的数据安全管理体系，加强员工的权限控制和访问控制，保障客户信息安全。

二、如何做好企业数字化转型中的数据攻防

企业数字化转型中的数据安全攻防是非常重要的，以下是一些建议。

1. 制定完善的数据安全策略

企业应该制定完善的数据安全策略，包括数据分类、数据备份、数据加密、数据访问控制等方面，确保数据的安全性。

2. 加强员工安全意识

企业应该加强员工的安全意识，包括数据安全意识、网络安全意识等方面，提高员工的安全意识和防范能力。

3. 采用安全技术

企业应该采用安全技术，包括防火墙、入侵检测系统、数据加密等技术，确保数据的安全性。

4. 定期进行安全检查

企业应该定期进行安全检查，包括网络安全检查、数据安全检查等方面，及时发现和解决安全问题。

5. 建立应急响应机制

企业应该建立应急响应机制，包括应急预案、应急演练等方面，确保在安全事件发生时能够及时响应和处理。

总之，企业数字化转型中的数据安全攻防需要全面考虑，从制定策略、加强员工安全意识、采用安全技术、定期进行安全检查、建立应急响应机制等方面入手，确保数据的安全性，降低企业在数字化转型过程中面临的安全风险。

第八章
企业决策的数字化转型

在企业经营管理中，企业的决策过程会对企业的发展方向和发展速度起到决定性的作用。而在数字化转型的浪潮中，企业决策环节的数字化转型也一定不能被企业的管理者所忽视。那么，在企业决策的数字化转型的过程中，具体如何执行才能达到更理想的效果呢？本章我们就来为读者介绍相关知识。

第一节　数字化转型并不等于业务"上网"

数字化改造是新基建、工业互联网等新兴产业发展的重要方向。搭建平台只是一种方式，没有商业模式和管理模式的转变，它的价值很难在公司内得到体现。因此，在实现工业互联网的时候，就必须认真考虑新业务、新管理和新平台带来的挑战。传统的基建项目推动了行业的发展，但随着贸易摩擦和疾病的暴发，传统基建与新基建之间的差距越来越明显。新冠疫情可能会加快重新调整世界经济的进程。如果不考虑新基础设施带来的投资拉动效应，那么中国有望通过新基础设施来提高其在世界价值链上的位置。

一、信息技术不等于数字技术

信息化以数据采集与分析为重点，它是工业化时代的产物。例如，ERP 注重"人、财、料、法、环"的协调与控制；MES 注重设备、系统和人员之间的相互联系和对生产过程的定位、卡位等，以及对生产过程的透明监控和实时反馈。

数字化是以"人""智"为核心，强调"赋能""激励"，是网络时代发展的必然趋势。比如产品推广，当顾客访问企业产品的时候，他们都可以在手机或PC 上浏览产品信息，与此同时，他们还可以看到企业介绍、在线工厂、新产品推广、闲置工业设备等与这家企业有关的所有与市场推广有关的信息。更关键的是，该系统还可以对顾客的浏览行为和轨迹进行记录，对顾客的关注点和转化率进行分析，并为销售人员提供准确的营销分析参考。

二、数字化转型不可一蹴而就

数字化转型，并不是单纯地在网上开设店铺、建立一个微信公众号那么容易。或许想要通过一家大型顾问公司，或是之前的数字软件来完成"数字转换"，根本就是天方夜谭。

数字化转型的先决条件，就是要改变公司的老总和管理层的思想。要改变经营模式，一个传统的公司，在没有弄清楚数字化的核心是什么，能够解决哪些问题之前，贸然去做数字化的话，根本就是在做无用功，既浪费金钱又浪费精力。

企业数字化转型旨在为企业创造更多的价值，为顾客提供更好的产品和服务，提质增效。要想达到这一步，首先要做到与客户进行充分的接触、交流、互动，用全面、优质的服务来提高客户的好感度和黏性。而这一切的前提条件，就是企业要将自己的资源做到在线化，比如：产品在线化(设计、制造、物流、仓储)；服务在线化(推广、营销、销售、售后)；员工在线化(社交、反馈、活动)；客户在线化(行为分析、满意度、喜好)。通过线上化，企业可以将互联网创新平台的优势发挥到最大，从而以更低的成本、更高的效率和更好的服务，进行更智能的分析，最终建立全新的商业业态。数字化时代的真正含义，就是打破目前高运营成本和低顾客满意度的窘境，创造出全新的商业模式！

三、为公司的数字化转型找到一个切入点

2018 年，消费者网络的发展开始出现疲软，供需矛盾开始凸显。2018 年末，以工业互联网为代表的第二次互联网大潮，已经在酝酿之中。突如其来的疫情更是加快了这个过程，中央、省、市、区的各种政策红利接踵而至。

其实，数字化转型并不是一件很难的事情，主要是一种思维模式的转变。简而言之，如果说过去的企业信息化，都是把自己关起来，然后自己买设备，自己建系统，那么现在的工业互联网，就是把网络公司的技术，用来为传统的企业提供支持，让他们完成数字化转型。

然而，在实际操作过程中，它与信息化时代的 BPR (企业流程再造)存在差异。它的核心并不是如何将企业数据和信息在线化、系统化，而是要培养出既理解企业需求，又具备互联网思维的内部骨干，以点带面，局部带动全面转型。

从对新东西的渴望与敏锐角度来看，外向的推广、市场、销售等是最好的切入点，这样才能迅速得到顾客的认同并为其提供更好的服务。收益的增加是公司的共同需求，而推广和营销的环节能够直接实现收益的增加，并且推广和营销的数字化方案也已经很成熟了。所以，数字立体宣传无疑是一个很好的转型突破。

四、数字经济转型对传统企业的影响

在数字化转型的进程中，传统企业将会面对许多挑战，这些挑战主要有三个方面。

1. 对业务模型提出的挑战

对传统工业而言，生产模式不断变化，如柔性制造、信息技术等；企业的价值实现模式也发生了很大的改变，比如"去中间化""C2M""服务型"等；企业的经营模式也在不断地改变，比如供需的网络协作、全方位的服务客户等。

案例：麦当劳的业务模式转变

麦当劳在过去主要依靠传统的实体店业务模式运营，但随着数字化时代的来临，麦当劳开始欣然接受数字化转型，实现了业务模式转变。

1. 下单模式的转变

麦当劳利用数字化技术升级了 POS 系统，允许顾客通过麦当劳的移动应用程序下订单，并在店内或车道上取餐。麦当劳餐厅还支持顾客使用手机自助下单，预约取餐，比过去在店内排队点餐、取餐的方式便捷了不少。麦当劳的这一数字化转型不仅加速了顾客支付流程，同时也提高了整体的客户满意度。

2. 营销方式的转变

麦当劳还通过数字化技术改进了市场营销的方式和策略，包括大量的数码屏幕广告、社交媒体营销、对话式营销和个性化推荐引擎等。进入互联网时代以来，广告营销的方式很多都开始使用线上的渠道，内容和形式也变得更加多姿多彩。麦当劳敏锐地察觉了这一趋势，并对自己的营销方式进行了积极的转变。这一转型不仅提高了顾客体验，同时也提高了销售额，对麦当劳的销售业绩做出了突出的贡献。

3. 供应链效率的提升

作为全球连锁的餐饮企业，麦当劳的供应链一直是企业经营中一个十分重要的环节。麦当劳通过数字化技术改进了供应链和管理流程，实现了全球统一的生产和配送，实现了大规模定制化生产和更高的供应链效率，让麦当劳在数字化时代保持自身的供应链优势。

通过上述的这些数字化转型措施，麦当劳实现了业务模式的转变，从一个传统的快餐店转型为数字化餐厅。这一转型不仅提高了麦当劳的运营效率和客户满意度，同时也证明了传统企业可以通过数字化转型实现业务模式转变，麦当劳的数字化转型思路十分值得传统企业借鉴。

2. 管理模型面临的问题

在管理上，目前是信息系统，过程驱动，烟囱式组织，以自我为中心，今后将变成数字化业务能力，数据驱动，端到端一体化，以客户为中心。在持续提高客户价值的过程中，目前产品卖出后失去联系，产品的功能价值体现在标准化、规模化生产、以产品为核心，未来将发展为用户亲密度的数字化重构，用户体验的智能化提升，个性化定制的大规模化，以客户为本。在经营方式上，要把握企业的经营实质，重新构建企业的经营能力，从当前的 IT 控制，自研、自产、自服，依赖产品使用价值战略，导向到未来的数字化业务驱动，客户、伙伴生态共赢，创造增值服务价值，以客户为中心。

3. 对创新环境提出的种种挑战

革新的重点是市场营销、顾客服务，以及使用移动和社会技术来优化顾客的体验。不仅要在企业中实现更大范围的数字化、可视化，还要在 IoT、云计算的基础上，实现物理世界与数字世界的交互，用数字化来重新构建商业模式。更重要的是要达到数字化的共生，需要行业整体数字化，并与合作伙伴和客户实现多边合作。以灵活的方式创新云服务平台，实现产业价值链的重组，并以此为基础重新塑造企业的核心能力。

五、对传统制造业进行数字化改造的几点认识

以互联网与信息技术为核心的新技术创新是推动中国制造业实现产业转型升级、提升质量与效率的根本途径。其核心是自动化、数字化、网络化和智能化。

以新技术新模式为基础，从产品创新、服务创新的角度，为市场和客户提供全新的服务体验和解决方案；以新的平台为基础，用新的营销方式，开拓新的市场和新的客户，扩大市场范围；以新的平台和新的模式为基础，来推动生产制造、供应链管理、客户服务、设备管理等方面的业务创新和组织创新。要改变生产方式，对供应链关系和运作模式进行优化，减少内、外部的交易成本和风险，提升内、外部的协作效率和能力，使其从生产供给型向价值服务型转变。以上就是传统制造业的发展方向和发展重点。

1. TOC 市场

在这个高度同质化且具有充分营销形式和营销渠道的时代中，在这个充满了完全竞争且具有消费者主权的买方市场中，运用创新思维和创新模式来提升用户的体验，并对产品进行升级、打动消费者是最好的解决方案，这样才可以有新市场、新客户、新消费。

2. TOB 市场

对于工业半成品及成品的制造企业来说，他们的最终目的是要将质量、效率都提升到一个新的高度。他们要充分运用创新平台，将行业中的优质资源聚集起来，改变生产方式，从而提升他们的柔性制造能力和产品良率。通过创新平台，实现工业装备、工业产品的功能性的创意设计；通过创新平台，将服务延伸到全产业链的各个环节，促进服务型生产的发展。面向未来，面向顾客，超越顾客预

期，超越顾客所看到的，是制造企业更高层次的追求。

而这些目标和依托，都将通过在工业互联网大潮中诞生的创新平台和平台企业来完成，这是数字化基础设施的担当与服务，也是这些数字化基础设施应有的天赋与使命。"新基建"的战略意义和历史意义，在于通过数字化的手段，为中国的工业寻找到了一个新的发展方向，为中国的工业摆脱了在西方的工业化过程中所遇到的"瓶颈"与"怪圈"。新的基础设施将会使中国的工业进入一个新的阶段、新的道路、新的方向、新的前景。

第二节　数字化能力如何直接指导行动

在进行数字化转型的过程中，面临着两大主要挑战。全量全要素的连接和执行反馈是基础，还有良好的网络安全，以及对数据资产的保护是入门条件。但一个公司怎样才能在这些数据的基础上，构建出一个智能的生产、操作、决策体系呢？

一、数字化转型的难点

数字化转型的难点一共有两个。其中一个是 2018 年麦肯希所总结的，麦肯希在世界范围内对 1793 个公司进行了调查，结果显示，仅有 20% 的公司表示他们的数字转换是有效的。他们认为，由于数字变革，企业的业绩和组织能力都有所提高。麦肯希的这篇报道，自然是面向全世界的公司。另外一个则是为中国公司量身定做的，由 Essential 与 NIIS 发展研究中心联合推出的"中国公司数字转型指数"。该研究还显示，仅有 7% 的中国公司称其在数字上取得了成功。基于数字技术的新商业正在迅速增长，在过去的三年里，该部分公司的营收占到全部公司总收入的半数以上。全球 20% 的成功率，中国 7% 的成功率，显示出绝大部分公司在进行数字化转型时，基本没有成功。

为什么公司进行数字化转型的成果如此？华为说，数字并非一蹴而就、一气呵成的。重点在于如何引导商业运作，如何使用这些连接到一起的数据。旧的信息时代，企业所建立的 ERP 系统、CRM 系统等，其实都是一堆一堆的数据。这些数据都只是一个记录，远远达不到用来指导企业的程度，也无法体现出数字化转型的真正价值。

二、自动化的行动

数字并非简单的信息，它更多的是对行为的直接引导。说到信息化，你可以想象一下，交通管理也是如此。那么，该如何对一个城市的交通进行管理呢？他们的荧幕都很大。这个荧幕对整个城市的每一个路口都进行了监视，而中央控制室则是对交通信号灯进行控制，这是第一次信息化。不过，要知道大屏幕上的资讯并没有被数字化，它只是给了对方很多建议。数字就是要用来引导行为，对于城市交通的治理来说，合理的出行线路是什么才是真正的数字化交通信息。因此，从数字化的观点来看，我们现在考虑的是能否研发出这样一种技术，而不是单纯的为交通控制提供服务。这需要将其运用在实际的驾驶环境中，就像是给司机上了一堂课。还有，对于骑自行车的人来说，哪个更快捷、更便捷呢？

在实际生活中，你一定会发现，我们的手机都有一个类似的定位系统。导航软件会把从一处地方到另外一处地方的路线呈现出来使我们一目了然，接着就可以进行即时的导航了。现在我们谈到了数字时代的城市，由于有了软件的发展，可以更好地引导人们采取行动。

我们再来看看公司的内部情况，不管是什么公司，一定会有这种类型的资料，就是合约。像是雇员合约，以顾客合约为准。制造类的公司，也会与供应商签订采购协议。当公司签署每一份合约时，都会对其进行一次风险评估，比如说，某一位顾客今天要买华为的一部手机。根据该协议，华为必须在 20 个工作日之内交货。可是华为在做库存的时候却发现，20 天的时间，根本不够用，他们的货物要 50 天后才能送到，所以这种合约是有风险的。需要其他部门的同僚们，对这些标志进行评估，并在最短的时间内讨论出新的方案。我们以完成定单的职位为例，多年以前，华为曾进行过一次"订货旅游"。这个项目的负责人，每天要面对的都是一叠一叠的客户合同。他们一到工作单位，就先把计算机打开，看看有几个合约编号，再逐一点击，看看这些合约编号的情况，是正常的，还是危险的。这就是信息时代的做法，只会让你一个一个地去处理大量的数据，这是很低效的。而现在，随着数字化的发展，完成定单的工作人员的工作内容发生了很大的变化，不再是单纯的识别标签危险的合约。

工作人员现在要做的，就是为那些危险的合约寻找对策。原因就在于，现在的系统都会自动筛选出那些有危险的合约，而自己的同事们一打开电脑，就会发现哪些合约并不完整，是那种会被系统自动提示出现问题的合约。并且，系统可以自动提示出合约出现问题的原因。这样一来，他们就可以立刻开始工作了。就像我们刚刚谈到的，有延迟交货的可能性，此刻，他们的日常工作，也就成了能不能把材料换掉，还是把材料拆成几批送到顾客面前，以达成 20 天内交货的要求。这就是数字和信息的不同之处，它并没有告诉工作人员很多的事情，只是让他们按照自己的要求去做。

三、更多的参与者

数字化的实质就是从资讯到自动的动作。以数字为主导的行为是否只是一种自动化？这并不意味着数字化就会比自动化更有深度。因为它可以把更多的人拉到它的面前。也就是说，这个数字体系不仅适用于决策者，而且适用于整个产业链，这是对第二个问题的新认识。让我们再来看一下之前我们谈到的关于城市运输管理的例子。最初的大屏幕上，只有一小部分的决策者，即交通管理中心的警方的决策工具。在进行了数字改造之后，我们已经研发出了一套全新的地图导航系统，这套系统能够为所有的都市公路用户所使用。不管是计程车司机，还是上班族，只要有这个软件，大家都能找到自己想要的路线。对于企业来说也是如此，数字化系统不只是一家公司的 CEO，也不只是一个车间的负责人，更不只是一些专业人员。它可以是每个人，可以在公司的整条流水线上，也可以在整个公司的上、下游供应链。即使是客户也可以使用该体系为他们的生意做决定。

让我们打个比方，请问您是否曾经修理过一部手机？一般情况下，人们都会选择有维修资格的店铺，如果是一些小故障，店铺也可以自己处理。但是，如果出现了一些无法修复的问题，他就会去找顾客，让顾客把手机送到工厂去修复。但实际上，这对于顾客来说，是一种很糟糕的体验。顾客来店里修手机，都是想着能立刻修好的，但却要等好几天，这让他很不舒服。后来华为又发现了这样的问题，于是研发出了一款可以在商店使用的手机修理软件，该软件有一个专门的功能模块。店铺只需要在网络上发布一个错误的消息，然后系统就会给出一个错误的提示。手机该如何修复？对于一些难以处理的难题，华为的技术人员会在店内对维护人员进行现场指导，并提出一个合理的维护计划。这样，整体的售后服务和服务品质都得到了极大的改善，用户的体验也得到了极大的改善。

大家可以看到，华为实现了数字经济的发展，说明我们已经具备了这种能力，具有向下游店铺赋能的能力。该电话服务软件不仅能为华为自己的电话厂家带来市场反馈，同时，也为下游的店铺提供了一项解决方案，而且还能让顾客体验到更快捷、更优质的售后服务。也就是说，整个供应链的每一个环节，都在这个数字体系中。

四、涉及更多的设备

不只是用户的数量会变得更多，设备的数量也会变得更多。用户和设备都参与其中，这就是我们通常所说的"所有事物都连接在一起"。我们再来看一下开头所讲的关于城市交通的管理。一开始，只是靠着大屏幕上的监控交通信号灯，后来才有了手机上的导航软件。每个人都是决定和应用程序的主要参与者，但这真的是数字化时代的最后成果吗？并不是。如果能打通整个城市运输的价值链，未来把路上的每一辆车，都连接起来，那么在没有导航的情况下，车子也能将我们带到自己要去的地方。因此，数字技术是一个不断涉及软件和硬件的过程。从智能交通的角度来看，数字已经渗透到了公路的基本结构中。而在移动端，则是涉及了汽车，涉及了硬件，也涉及了数字技术。这一点在公司中也是如此。数字应用系统必须包含智能、自动的设备与工具。以华为的手机流水线为例，应用体系常常以设备与工具为载体。而现在，他们可以通过机器自动切换时间，不需要花上一段时间，才能提取出来。而这一切，都是因为电子产品已经完全融入了数字系统。

华为已经在自己的设备上进行了自动更新，这其中牵扯到许多方面。就拿目前正在建设的这个自动装备平台来说，其中包括了可视化、软件设计、调试、接口设计。这些功能都被打包到了这个平台中，以便于后续使用。因此华为必须要在最短的时间内，做出一款新的手机。工厂里的数字平台和自动生产线，对各种手机的生产速度都很快，不同产品生产线之间的转换也只需要两天的时间就能完成。

第三节　数字化能力要赋能每一个链条环节的决策

随着新一代的信息技术如大数据、人工智能和移动互联网的快速发展，以科技创新为主要驱动力的数字经济正在逐步发展，推动企业进入了一个破旧立新、均衡发展的新时代。IDC 预计，到 2023 年，世界将迎来"数字经济"的"新一轮"。

在数字时代的大潮中，决策是组织管理中的一项重要行为，它渗透到了组织生活、产品生产、业务运营、文化建设等领域和场景中，与组织的发展紧密地联系在一起，并最终变成了决定组织发展方向的一股关键力量。但是，传统的决策模型和工具已经渐渐地与组织的发展脱节，在决策的传递过程中，出现了许多复杂的问题，比如决策的过程很复杂、决策的时间很长、决策的信息消耗很大、决策数据的准确性很低等。此外，组织中的各个系统、各个业务、各个部门之间都是相互独立的，这就使得决策的主要矛盾变得越来越明显。

在这样的情况下，怎样给企业的决策"插上"一双"羽翼"，保证企业的决策具有科学性、准确性、客观性、执行效率和过程控制性，就成了众多政企机构迫切需要解决的一个管理难题。本节将通过"蓝信"的案例，来展示数字技术是怎样被赋予到公司各个环节的决策的。

一、提高组织的政策制定水平

数据作为一种新的生产要素，在数字经济条件下，已深入到企业发展的每一个过程中，并成为企业决策的重要依据。通过对组织大数据平台的整合，对组织内外的海量数据进行标准化、模式化和系统化，为组织决策提供精确、科学、客观的依据。

但现实中，由于受时间、技术等方面的限制，企业对信息化的建设缺少了顶层的规划与设计，常常采取逐步推进、分散建设的模式，不能做到"一气呵成"。各个部门为了各自的利益，各自独立，导致大量的信息化系统在企业内部呈支离破碎的状态，存在着严重的数据孤岛问题。数据不能进行有效的连接，加之企业的主观偏好，使得企业的信息产生了扭曲与片面性，从而严重地影响了企业的决策品质。

蓝信公司是一款面向党政、央企等大型企业进行数字化改造的安全协作平台，其在帮助企业提升管理决策水平方面，已得到了 8000 多个企业的认同与信任。它所具备的丰富的开放性能力，能够将与组织工作、生产运营相关的各种单独的场景应用(如 OA、ERP、资金管理、供应链等)迅速迁移，并在安全便捷的条件下，与蓝信平台建立了一个统一的接口，重新构建了一个系统链，打破了数据孤岛状态，实现了数据的共享，从而提高了组织的决策质量、能力和效率。

蓝信是一家隶属于国有资本的大型央企，其在全国范围内的 200 多项重要应用，在全国 600 多家成员企业及 10 多万名员工中，通过数据的垂直连接，打破数据的障碍，实现数据的互联，完善数据的共享，从而使公司的每个过程都能得到有效的赋能，保证公司在每个月的预算执行、生产运营、科技创新等重要决策的数据来源是真实、全面、准确的，在这个"移动互联"的时代，大大提升了公司的决策质量与效率。

二、提高决策执行效率和准确性

在过去组织的执行中，传统的决策方式受到了传统官僚体制的影响，呈现出了"金字塔"的层次结构。由于企业的规模有限，没有一个统一的处理机制，也没有一个高效的协调机制，导致了企业的决定往往要一步一步地传递，而不是一步一步地执行，如果某个环节出了问题，导致这个环节被卡住，则很容易导致这个环节下面的环节不能接收到或接收到错误的决定。与此同时，在决策的传递过程中，由于传统的、过时的传递手段，多层次的传递方式，以及繁复而又烦琐的流程，往往会导致信息的损耗与扭曲，使得下级员工贯彻上级的决策就像是遇到一团迷雾，盲人摸象，轻者导致个体的工作失误，重者降低了组织的影响力与可信度。

蓝信是由千万名以上的用户挑选出来的"左膀右臂"，它能够帮助企业更好地实现企业的战略目标。百万级的超大组织通讯录，能够对各种大型组织的人员实现全覆盖、扁平化管理，跨越组织、层级、系统、地域的限制，保证决策部署能够有效地触及目标群体。同时，在进行信息传递的时候，蓝信通过分层、分权的功能，可以根据不同的权限，将不同的信息传递给不同的人，从而避免了一刀切的情况，使得对信息的控制变得更细致。即时通讯、音视频会议、公众号、通知公告、调查问卷等功能能够跨越时间、空间和平台的限制，让决策的执行变得更加多样化、敏捷化和高效。此外，通过群组、通知公告、调查问卷等方式，可以清楚地看到决策执行的情况，以及有没有阅读和确认，实现了决策执行的可视化，对于没有阅读和确认的人员，还可以"追一下"，确保他们的决策是正确的。

内蒙古监狱管理局在推进中央决策部署的同时，利用"蓝信"这个"触手"，迅速有效地将中央决策贯彻到基层，广泛听取了各个部门对改进和完善执法约束和监督机制的意见和建议，对基层进行了全方位的了解，对存在的问题进行了梳理，并对存在的问题进行了分类，为群众办了实事，为基层解决了问题。

三、以安全为第一原则，避免数据外泄

兵家有句话说得好，知己知彼，百战不殆。对一个组织来说，其决策关系到其生存与发展，若在生产运营、协同工作等方面的每个决策均为"彼知"，将会给该组织带来商业上的损失，甚至会使该组织丧失竞争优势，最终导致其灭亡。相关的调查表明，2022年94%的企业发生过信息泄漏事件。

要知道，身为世界上数一数二的大公司，在开会的时候说了什么，都会被各大媒体报道，并且将会议的内容原原本本地公布出去，这让各大公司都陷入了进退两难的境地。最近，在国家机密部门公布的几起近几年出现的机密泄露的典型案例中，也清楚地表明，这是由于公司内部工作人员对微信进行了不正当的操作。我们可以看到，由内部威胁引起的资料泄漏，已经是一个很常见的现象，也是各企业都要面临的一个问题。

在企业进行信息安全防护时，采用安全防护措施，对企业进行安全防护，是企业进行信息安全防护的关键。最近，蓝信以"国资云"为基础，发布了一款"蓝信"工作群，该工作群具有"业务安全""数据安全""安全认证"等功能，能够在数据的流动过程中，实现事前控制、事中过滤且事后文件可追溯、可审计，从而从程序、系统、功能等多个角度，为工作决策提供安全保障，避免数据泄露。

在一个企业的运营过程中，包含了许多的环节和流程，在缺少信息化手段的情况下，管理者很难对复杂的运营情况有一个清楚的认识，这就会造成决策效率低下、准确性不高的问题。因此，利用大数据和数字化工具，能够为企业提供足够大的视野半径，让企业能够看到事情的全貌，从而实现有据可依，甚至是智能决策。蓝信公司是政府和企业数字化转型的先锋，它抓住了大数据时代的发展机会，对企业决策方式进行了优化，使决策路径多元化、数字化、精准化和科学化，对企业决策进行全方位的"全链管理"。

第四节　数字化能力最终将实现万物互联

在中国，网络已经实现了高速的发展，尤其是在消费者方面，其冲击波及零售、邮寄、支付、贷款、出行、医疗、养老、教育、娱乐、媒体等行业，对各收入阶层进行了耕耘。其产品涵盖了高端的国际、国内品牌，中产阶级的大宗生活消费，以至各类仿冒商品。现在，除了几家高科技公司，网络还没有真正走进企业。

通过把大数据融入工业互联网，可以让企业做一些以前不敢想的事情。比如，C2M 和大规模定制，可以让企业的生产和运营效率得到全方位的提升，可以为顾客带来新的、丰富的体验。这些数据的累积，可以为人工智能的应用创造良好的环境，从而在生产领域甚至是与消费者交叉互动的更大范围内，构成一个生态系统，最终可以在其中孕育出新的业务、新的商业模式，并引发企业组织的深刻变革。对于"工业互联网"这个词，大多数都是空穴来风，对其未来的描述也是模棱两可，只有极少数的公司，才能在这条路上走得更远。本节将为读者介绍为什么数字的力量会带来连接。

一、工业互联网在发展中遇到的困难

当工业互联网带来这么多好处时，为何即使是在技术先进的国家，它也发展得很慢？生产型和消费型产品之间存在着个体差异，难以形成经济批次。一款热销的手机，动辄就能卖出上千万台，一款热门软件的下载量，也能达到这么多，这样的话，开发成本就会被分摊到一千万台手机上，从而带来巨大的经济效益。

不过，这种规模的优势也就局限在苹果和三星等 2C 手机品牌上，像富士康这样的代工企业，可就没这么好运了。就拿手机壳来说，它的制造过程通常采用的是冲孔，将一小块钢板放在模具上，然后启动冲孔，一次压出。一台机器可以生产十万台手机，而一台手机，只需要数十台机器就可以生产出来。

这让代工厂很为难，要为了制造一打手机外壳而专门建造一条生产线吗？生产的模子数量过少，不能回本生产线的投入。如果从三星那里得到更多的订单会怎样？三星有其自身的需求，而这一需求不一定是在苹果的模子里就可以完成的。先不说给三星做代工厂的难度，光是这一点，就足以让三星放弃所有的生产设备，至少要进行一次升级，而升级所需要的资金，将会是一笔天文数字。在不存在规模经济效益的情况下，目前普遍采用的是单部件加工、人工组装的方法。无论是自己生产，还是从外面采购，都会导致生产成本居高不下。那么，我们是否可以为客户提供一种数字化、个性化的产品呢？

这就是产业互联网的理念，一家公司开发出一个模具生产平台，多家公司共同利用，共同分享开发人员的前期投资，从而降低模具的生产成本。虽然这个主意很好，但在实施的时候也遇到了一些特殊的问题，第一个问题就是游戏的开发人员应该由谁来负责。

工业互联网和产业互联网都具有很强的行业特征，在生产制造过程中的工艺诀窍(know-how)在行业之间存在着差异，在同一个行业中的企业也存在着差异，因此，对这些 know-how 的掌握是构建产业互联网平台不可或缺的先决条件。以消费性为基础的高科技公司，像亚马逊、阿里巴巴等，对制造并不了解，在建立工业平台时，既要先了解工业，又要先建立一套工业平台，这样效率会高很多，如果是专长的公司，就会有很大的好处。与"因特网思维"相比，"行业思维"在工业互联网中的应用更为广泛。

这就造成了工业互联网中的一种矛盾现象，即只能由专业人士来搭建，而专业人士所搭建的平台却无人使用。

而在中国，如海尔的家用电器生产，三一重工的工程机械生产，以及富士康的比康，也遇到过同样的问题。德国西门子(Siemens)的生产与管理平台(Mindsphere)以公司为主体，其研发费用不能与其他公司共享，因此西门子不得不承认其整体效益不高。

其中一种越来越受欢迎的方法就是将工业互联网划分为三个层次，即应用、平台和基础设施。比如，华为通过对用户"一不动数据、二不碰软件 SaaS"的承诺，来吸引用户选择华为的工业云计算。通用已经不再打算建立自己的底层架构，而是开始同亚马逊、微软等公司在 IaaS 层面上进行协作；而西门子在与亚马逊、微软、阿里巴巴等公司合作的同时，也将重心放在了 SaaS 层面的应用程序研发上。

二、工业互联网和工业 4.0 的发展

工业互联网与曾经风靡一时的工业 4.0 有何联系？我们往往会把这两个概念看作是同一件事情，只是在上下文方面略有不同。"工业互联网"这一术语，更像是一种"云端"，工业 4.0 则是一种"现实"与"云端"之间的联系，与"物联网"这一术语有着异曲同工之妙。

工业 4.0 固然离不开因特网，但也不是说有因特网就一定能做到的。工业生产技术是通过迭代升级发展到现在的，每一代都是基于上一代，每个阶段都是不能省略的，从工业 1.0 到工业 4.0 是个逐步和自然延伸的过程，并没有由于互联网的存在而产生颠覆性或间断性的飞跃。

第一次工业革命的本质，就是以蒸汽为动力，取代了水力、畜力、人力，之后才有了电动机、内燃机和核能。将单个的机器串联在一起，组成一条流水线，这就是以自动化为主的工业 2.0。20 世纪后半期，微处理器的出现，使计算机逐渐取代了人类的大脑，计算机辅助设计。编程控制机器与仪器的出现，预示着工业 3.0 时代的来临。计算机不但极大地改善了机器的自动化，也使管理方式发生了改变。

公司使用了以财务和人力资源为主线的 ERP、客户管理系统的 CRM、仓库管理的 WMS、办公行政的 OA 等，来提升管理的效率。企业在积极推进运营和管理的信息化过程中，无论是有意还是无意，都在为实现工业 4.0 做好铺垫。

工业 3.0 的主要弊端是：在纵向、分散的经营过程中信息闭塞，造成了"信息孤岛""信息深井"，造成了信息流的不畅通和使用的低效。怎样将分散的系统进行打通，让信息在企业各个业务单元和职能部门之间更加高效地流通，企业在不断地进行着积极的探索，逐渐从工业 3.0 向工业 4.0 发展。

工业 4.0 是基于对物质世界的数字化而来的。在 IaaS 的底层，还有一个数据生成层。商店、车间、仓库、设备、车辆、材料、零件、工具、人等不仅是"万物互联"，更是"万物皆数"，人、财、物、文字、图像、声音等都将被转化成数字。在虚拟空间中，机床的物理形态已经不存在，而是成为了一套由设备编号、外表形状(数字化图像)、加工能力、加工精度、给定时点上的工作状态等组成的数据。人还可以用多个方面来表达，如雇员编号、面孔、指纹、年龄、性别、职位、工作经验等。

没有了数据，所谓的工业 4.0，也不过是"无根之萍，无根之木"。实现完全数字化，所有的一切都可以连接在一起。它从工业 3.0 扩展而来，却又超出了工业 3.0，数字化和物联网给工业技术带来了质变。通过工业 4.0，实现了大范围个性化定制，C2M 从愿景变成了现实，实现了职业经理人梦想中的实时管理。公司的管理层次不断降低，财务核算和人员绩效评价的功能不断精简，公司的组织架构也在不断地发生着变化。

科技不但在改变着当今的世界，也在指引着、激励着人类去创造一个更加美好的未来。物联网带来的是海量的数据，对大数据的存储与计算的要求使得云计算成为必然，而对计算效率的追求又转向了人工智能。就在我们还沉浸在所有事物之间的联系中的时候，智能化的时代正在迅速地来临。今天不是机械智能化的开始，因为现在已经出现了无人机、智能家具、半自动驾驶的车辆，这些都是可以商用的。

消费型网络的顶峰已经过去，而工业型网络的帷幕才刚刚掀开。同样是因特网，但他们的思维方式却是截然不同的。梅特卡夫效应在工业互联网中几乎不存在，无论是规模还是协同性，其都不可能与消费型互联网相提并论，其本身就具有很强的行业与公司性质，想要取得成功，就必须要对某个特定的领域有足够的了解。在工业互联网中，数字化是首要的，当企业实现经营、生产、管理的全面数字化之后，才可以实现工业 4.0 的"万物互联"，也就是物联网。物联网在提升生产与管理效率的同时，也为企业的组织重构提供了可能。在经营上的改变，会使人们的积极性和创造性得到充分发挥，从而带来比我们现在所能想到的更多的好处。随着数字化、物联网等技术的发展，大量的数据对数据的处理和分析能力提出了更高的要求，在此背景下，人工智能已经不再是预言家和自媒体提升点击率的空洞语言，而是成为了现实应用中不可或缺的一部分。不过，不管 AI、大数据如何发展，市场的作用始终无法被取代，因为这些数据都是由机器来处理的，而真正产生这些数据的，却是人类。

第五节　交管行业的数字化转型要点

"在新基建中，数据只是副产品，并不是首要目标，若新基建只是单纯地以数据为核心，而缺乏内部的动力，那么这个商业模型就无法建立起来。"新基建指的是建立各类新的基础设施，而数字化转型指的是利用信息化和数字化的基础设施。新基建的实施，势必会带动交通等产业的数字化升级。上海市城建设计研究院(集团)有限公司智慧交通研究所所长高翔，就交管行业的数字化转型，剖析了目前的发展趋势和难点。

在进行数字化转型和升级的过程中，第一步就是要进行一项战略性的选择，要明确管理和服务的对象。要采取什么样的管理和服务模式，要实现什么样的业务，这决定了在数字化升级过程中的需要是什么。而且，我们也要了解到，虽然大部分的城市都已经完成了数字化的 1.0 版本，但在数据的管理和质量上还存在着不足，主要是因为业务的单一，导致了"数据孤岛"的存在。

在实施数字化转型和提升时，必须明确现有的资源，包括警力资源、信息通信技术能力等，并对现有的资源进行约束。在确定"数字经济"的发展目标时，应明确其发展的方向，并在此基础上对 "补短板、突破"和"进行模式创新"两个方面进行具体的研究。另外，在建设的过程中，要强化总体规划，防止资源分散和重复建设。

一、交通管理系统的数字化改造难点

首先，从"价值链"的角度来看，"经济合理"是工程能否继续存在的前提，"利益"是工程能否继续存在下去的根本。从投入产出经济学的观点来看，数据只是新基建的副产品，而非其首要目标。如果新基建的目标只是获得数据，而没有对其进行业务的内部驱动，那么这种商业模型就不能成立。

现在的数字基建，很多项目都会面临这样的问题，从某个点往上爬，虽然上升的幅度不大，但投入的钱却是翻倍的。因此，数字化的提升必须要达到利益的定量化，然后再进行评估，并在最佳的制度和最佳的使用者之间进行权衡。而且，在进行经济分析的时候，还需要考虑到数据的价值。

其次，就是资料的品质。当前，较为常见的一种情况是，重一次性建设、轻持续运维、重硬件设备运维、轻数据质量监测，这就造成了许多资料在刚刚完成的时候，取得了很好的成果，但在经过一段时间之后，因为运维跟不上而造成了数据质量的降低。

之后，有几个项目想要进行一些深度挖掘和关联分析，却发现许多数据都是不可用的，许多设备都是下线的，更别说数据的准确性了。如果资料品质较差，势必会对实际运用的结果产生较大的影响。

但也有不少的项目，并没有找到问题的根本原因，而是把问题的原因归结为软件的效率太低。有些工程还会将其归结为感知技术的欠缺，甚至是覆盖度不够，于是就开始大手笔地建造各种感知装置。但不从根本上解决问题，这就是一个恶性循环。因此，迫切需要一种有效的数据质量监督与保护机制。

然后是革新。很多人都想要一些创意，也想要一些新的东西。因为创新的某些重要特征很难被直接识别，所以人们很容易通过相关的特征来认识它们，但是要分清这些相关的特征是标本性的，还是本性的。

然而，其综合利益具有间接性、潜在性和长期性，且很难精确计量。因此，人们经常会使用一些显性的指标来对他们进行评估。例如，在评估一个科研项目时，虽然很难对其进行评估，但是人们喜欢通过专利数量、论文数量来对其进行评估。

类似地，在智慧交通项目中，往往可以看到几千台服务器、几千个路口、几千条视频等数字，用全感知、AI、深度学习等概念来表征创新。对算法、计算能力的过分重视，必然会偏离交通管理与服务的本意，因此，必须从"本"出发，走"本"之路。什么叫"本"？即指具有很强的实用性。

在进行创新时，不能离开一个城市的特定情况而去讨论，有些城市的先进制度并不一定适合于其他城市。

与此同时，在数据中心的数字化改造中，计算能力与需求的匹配问题也将随之出现。物联网、大数据、云计算、人工智能、区块链等都不属于智慧交通，它们都只是提升交通管理效率的工具，而工具本身并不含有应用智慧。

在不断探索的过程中，获得的好处不在于工具，而在于用户的明智抉择，在于设计和组织的整体环境相匹配。算法、计算能力的运用，要围绕着商业利益，找到和计算能力匹配的需求，防止计算能力的堆积。

在数字化转型过程中，"购买数据"与"购买服务"同样是一个令人头疼的问题。如果是购买服务，那么这些数据源是属于互联网企业的，可以为智能交通业务系统直接提供研判结果。这种方式的优势在于部署快、见效快，对于甲方的维护压力也很小。但是，它也存在着一定的局限性，例如，因为数据和算法都是不公开的，所以，如果甲方想要定制化，那么可能还要依赖于相应的企业，其中的业务拓展成本可能也会比较高。

如果是直接购买的话，那么对应的算法研判结果都是由用户自行完成的，这对用户的个性化和扩展有很大的帮助。但是，用户需要对数据的集成能力和运维的投入都有很高的要求，并且，这种项目的一次性投资也会很高。

网络公司更倾向于提供标准化的产品，但政府更倾向于客户化的服务，并且很少有网络公司会出售这些数据。在将来，"购买服务"将成为一种潮流，但

"购买服务"和"个人化"的结合将会成为未来的焦点。

在"买"一项服务时，怎样确定其"值"已成为人们关注的焦点。以具有一定市场规模的信号优化服务为例子，它的服务内容与标准存在着差异，对服务的效益预期也存在差异。例如，一些一线城市，原本的建设和管理水平都比较高，但是用购买服务的方式，只是为了减轻民警的工作压力，这样的预期提升作用并不大，而且投资也比较少。而在二、三线城市，由于信号控制的基础不够好，很多单点信号机都是使用固定配时的，所以如果对系统进行升级，每一个路口都要十几万。十几万，和这样的投资相比，花上几千、一万，在短时间内，信控的效果会更加明显，这样的投资产出比，或许会更高一些。

在当前的优化服务市场中，人力投资比重较大，自动化水平较低，网络企业参与度不高。现在已经有几个城市开始试验整个过程的人工智能了，如果能将信号的算法和专家的经验与知识转化为编码，那么以后人工的比重就会大大降低，到时候收费的情况就不一样了。

另外，系统兼容性也是一个问题。目前已经有不少城市开始建立统一的信息控制平台，而据赛文交通网络 2020 年度市场调查，全国 67%的城市使用超过两个、三个或更多个牌子的信号器。由于各厂家的信号系统间存在着通信协议不相容的问题，使得各厂家的信号机难以进行协同控制。在多种融合数据、跨平台警务管理的需要下，各地对于建立一个统一平台的积极性都很高。

现在的主流方式有两种，一种是利用统一平台直连信号机，一种是保留原有的平台，在此之上建立统一平台，以实现平台对平台的对接。

方法一需要有一个统一的协议和一个相交点，以及一个较高的平台，这些都很难实现。如果这样做，就失去了所有的优势，甚至有可能导致前期的投入打水漂。

方法二在 API 的基础上，实现起来比较简单，可以方便地实现远程查看，下达固定配时，并由特勤接管，但是这种方式难以实现系统层面的协同。

在采取"统一平台"的同时，也要从整体的角度来考虑问题。比如，在 2014 年发布的《上海道路交通信号控制系统建设导则》中，就根据当时的情况，在不同的地区，对信号灯的选择做出了相应的规定，其中，中心城区基本是一组，而远郊地区则是另一组，但没有限定。这个方法被许多人模仿，尽管有些人是别无选择，但却可以让他们事半功倍。

二、交管系统的数字化改造

第一个问题是人工智能的控制。我们需要明确，信号控制统一平台和 AI 信控并不是相同的概念，仅仅使用了 AI 算法也不能被称为 AI 信控。AI 信控体现在更高维度上，它更应该关注的是场景、流程，而不是仅关注算法。 AI 信控是将专家知识、经验代码化，最终目的是实现全流程的自动化，让人力得到解放，提升控制效率与水平，消除个体之间与部门之间存在的能力差异。

目前的"AI 信控平台"只能提供辅助功能，对于实现部分场景和部分过程的自动化，还处在起步阶段。借鉴 SAE 对无人驾驶系统的分级方法，本项目将对人工智能信控系统进行分类。

第二个研究重点是双子星和流量模拟。交通数字孪生就是把一个完整的运输体系映射到一个数字的环境中，而交通模拟只是其中的一个环节和一个工具。交通数字孪生研究的理论价值不是指个体的准确行为，而是指群体的规律。由于车辆的社会性和主观随机性，个人的微观模拟和推断都是虚假的。

确定了模拟的位置，技术上也就完成了，但这还不够，最重要的是如何使用。许多企业投资了大量资金在数字孪生上，却因为缺乏用户，使得数字孪生、交通模拟等都处于"工具集""初始仿真""展示模板"的阶段，并没有发挥出应有的作用。

第三个热门话题是过程重新设计。在数字化转型和升级过程中，过程重组是核心和关键。在数字化升级过程中，对流程再造的要求是，要以任务为主线，对人与工具之间的合作关系进行重组，要将原本以划分职能部门管理的方式，改为以业务流程为核心，并对执行流程的人进行定位，以免因为缺乏机制的支持，导致缺乏可以使用的人，最后又重新走上旧路，特别是一些跨部门的主题应用。

必须把并行工作联系在一起，不要把它们简单地结合在一起。将原本零散的资源集中起来，虚拟化，云端，从源头开始。

专业的体系需要专业的服务，因此，引进专业的社会力量来参与是一种必然的发展方向。在项目运行的过程中，许多地方都在对机构创新、G 端和 B 端创新的商业模式进行探讨，在各个阶段，以机构的能力为依据，将社会力量引入其中，使其能够最大程度地发挥作用，帮助企业进行流程再造。

目前，企业数字化改造的重点是由信息化改造到智能化改造、全程自动化改造；新基建加速推动交通管理行业的数字化转型和升级，在此基础上，提出了在交通管理领域进行数字化改造的思路和方法；在数字化转型的进程中，要以"本"为追求；数字技术的提升必将带来体制和制度的变革，并将其作为制度变革和流程再造的推动力。

第九章

协同办公系统对企业数字化
转型的工具支撑

　　企业的数字化转型在企业内部的办公系统方面，最主要的部分就是企业使用的协同办公系统。协同办公系统可以将企业内部的各种信息资源整合起来，实现信息共享和协同办公，提高企业内部的沟通效率和协同能力。协同办公系统是企业数字化转型的重要工具支撑，本章我们将围绕协同办公系统的选择与使用进行展开介绍。

第一节　企业数字化转型视角下的 OA、ERP 与 BI

提到企业数字化转型中的工作系统，可能很多企业管理者第一个想到的就是 OA、ERP 或 BI，的确，这些系统都是企业数字化转型过程中十分常见的，但是，企业数字化转型并不仅仅是上述的这些内容，还有数据的流动。如果企业管理者能够让自己对企业数字化转型的理解更加深入，其实可以避免走很多弯路，也不必花费冤枉钱。因此，本节我们就来分享一下在企业数字化转型过程中，如何正确理解 OA、ERP、BI 等系统的问题。

一、弄清企业的真实需求

当企业在转型过程中，面临发展扩种问题时，可能经常出现人员增多但效率却下降的问题。而且，老板也会由于无法全面了解企业数据，让经营决策变得盲目，这种焦虑会不断传导到企业经营的各个层面上去。为了解决这个问题，老板和高管通常会考虑使用 OA、ERP 和 BI 等工具。但是，他们往往会把精力放在细节上，而忘记了自己的初衷是要解决什么问题。最终，无论选择哪种工具，都不能很好地解决企业的数据问题，让人不禁感到惋惜。实际上，企业真正需要的并不是一个名为 OA、ERP 或 BI 的数字化系统，这样的系统也并不能从根本上彻底解决企业的问题，只有弄清企业的真实需要，才有可能高效地实现企业数字化转型和发展扩张的目标。

二、OA、ERP 和 BI 的实际问题

OA、ERP 和 BI 是现代企业三大常用的数字化工具，如图 9-1 所示。然而，

在实际应用中，这三大工具各自都有一定的缺陷，企业在选择数字化工具的时候需要对这三大工具进行全面的分析和考察，避免降低企业的数字化工具应用效果。下面我们就分别说说这三大工具的实际问题。

图 9-1　三大常用的企业数字化工具

1. OA 的问题

OA 作为 PC 时代的产物已经发展了近 30 年，虽然它可以用来管理流程，但是无法管理业务和财务，也无法形成数据闭环。因此，很多公司只能选择将 OA 改造成连接业务和财务的中间件。然而，这样做会导致 OA 接入无数个接口，整个企业在系统整合上会越做越重，最终无法动弹，只能重新规划换系统。但是，重新规划往往只是换了一个 OA、一个财务系统和几个业务系统，企业仍然会再次陷入同样的问题。这是因为 OA 与系统之间的结合是高度耦合的，业务逻辑的变化会导致 OA 需要重新开发，这让人非常苦恼。另外，OA 只能管理流程，无法管理数据，这会导致数据无法传递。

2. ERP 的问题

ERP 作为工业时代的产物，其鼻祖 SAP 最初是为西门子服务而设计的，具有明显的制造业痕迹。制造业注重高度自动化，弱化流程管理，因此市面上的 SAP、Oracle 和国内厂商基本上都采用这种设计思路，即能够管理业务但无法管理流程。然而，现在的企业大多数属于第二和第三产业，或者是混合业态，需要强调协作和流程化管理，通过流程来传递和管理数据。因此，在国内许多非制造业企业中，特别是服务型企业、互联网企业和高科技企业等，大部分企业使用的 ERP 系统都只能充当核算系统，或者成为摆设。

3. BI 的问题

BI 的强大分析能力和引人注目的数据可视化能力吸引了大多数决策者的注意，也是企业愿意投资的重要因素。然而，冷静思考后，最关键的问题是：数据从哪里来？数据是否全面、闭环、可追溯、真实、有效、实时？如果以上任何一个问题的答案是否定的，那么很抱歉，企业的投资就白白浪费掉了，因为并没有实现企业的主要目标。以上就是 BI 系统的问题所在。

三、企业该如何实现数据流动的目标

当企业的管理者在考虑企业对 OA、ERP 和 BI 的需求时，其实不妨回到问题的本质上来，去想想选择这些系统最初的目的是什么。可能大多数的管理者都会回答："是为了降低成本、提高效率、控制风险。"这些答案都没错，但如果数据不流动、不闭环，要实现这三个目标就很难。因此，企业的管理者们需要认清，他们现阶段需要的不是 OA、ERP 和 BI，而是数据流动。只有数据流动起来，才能实现数据驱动运营和精细化管理。移动互联网和大数据时代的到来，对我们的影响深远，其中最重要的是数据的无处不在和时效性。商机瞬息万变，如果数据不能流动，不能实时进行过程控制和决策，那么滞后的数据对企业的价值就不大了。

为了解决数据流动的问题，需要引入一个新的系统，即企业各个系统之间的连接器、翻译器和处理器。首先，企业系统的碎片化是由自身造成的，因此需要使用"数据连接器"来填补这个空缺。当然，连接器必须以"松耦合"的方式与企业原有的系统进行融合。其次，企业需要一个"数据翻译器"，以确保业务和财务数据相互翻译，即将业务数据转化为财务数据，将财务数据转化为业务数据，从而实现业财融合的效果。这样，不同场景下的人们可以使用适当的语言进行沟通，避免业务和财务之间的混淆。同时，需要注意数据分析的不同维度和口径，即使在同一个业务场景下，不同的数据维度也会导致不同的分析结果。最后，企业需要一个"数据处理器"。当数据进入系统时，需要进行实时高效的处理，包括加工匹配、合并分解、去除特殊符号等操作，以确保数据符合企业的控制和使用规则。

总的来说，企业在选择管理系统时必须慎重考虑，明确自己的需求，不要采取治标不治本的方法。在大数据时代，尤其是在企业数字化转型的紧迫需求下，必须找到一家能够掌控数据并能看到问题本质的厂商来帮助解决问题。不要轻易陷入上述问题的怪圈中，浪费金钱而未解决问题。企业要成功实现数字化转型，首先需要建立数据流动的有效通道，让数据畅通无阻地在企业内部流动，发挥出其本来应该具有的作用。

第二节　OA 协同办公的发展变化

OA 协同办公是指通过计算机网络技术，实现办公人员之间的信息共享、协同工作、流程管理等功能的一种办公方式。随着信息化技术的不断发展，OA 协同办公也在不断变化和发展。

早期的 OA 协同办公系统只具备单一的功能，如文档管理、流程管理等。随着技术的发展，现代的 OA 协同办公系统已经具备了多种综合功能，如邮件、日程、会议、任务、知识库等，可以满足企业内部各种协同办公需求。过去，OA 协同办公系统主要是基于局域网的，只能在企业内部使用。随着云计算技术的发展，现代的 OA 协同办公系统已经可以通过云端服务实现跨地域、跨平台的协同办公，大大提高了工作效率和灵活性。

此外，随着企业内部组织结构的变化，现代的 OA 协同办公系统已经可以实现多向协同，即由多个部门或人员共同参与协同办公，提高了工作效率和协作效果。总之，OA 协同办公随着技术的不断发展，已经成为企业内部协同办公的重要工具，为企业提高工作效率和协作效果发挥了重要作用。本节我们就来梳理一下 OA 协同办公模式出现以来的发展变化(见图 9-2)，并对未来的 OA 协同办公发展进行展望。

图 9-2　OA 协同办公模式出现以来的发展变化

一、办公自动化阶段

在八九十年代，随着互联网的兴起和普及，办公领域也迎来了无纸化办公时代，这一时期被称为办公自动化阶段。IT 技术开始应用于日常办公，实现了基本的办公数据管理，如文件管理和档案管理等。虽然这个阶段的 OA 主要以无纸化办公为目的，但其使用者是办公室的个人。然而，由于缺乏沟通协作支持和文档资料的综合处理能力，这一阶段的 OA 产品并没有得到迅速发展，也没有太多协同概念的思考。

二、协同 OA 阶段

2000 年之后，随着一些老牌 OA 厂商如泛微、致远、蓝凌、华天动力等的进入，OA 产品得以迅速发展。这些厂商在 OA 中加入了"业务"和"管理"的元素，拓宽了市场，吸引了大批企业用户。这个阶段的 OA 主要特点是以网络为基础、以工作流为中心，提供了文档管理、电子邮件、目录服务、群组协同等基础支持，具备公文流转、流程审批、会议管理、制度管理等实用功能。企业用户深刻感受到协同 OA 极大地方便了员工工作，规范了组织管理，提高了运营效率。随着时间的推移，协同 OA 的雏形逐渐确立并迅速发展。在短短几年时间里，国内 OA 市场形成了四大巨头分霸天下的局面，且这种局面一直延续至今。

三、协同平台化阶段

在这个阶段，OA 协同经历了大规模的发展。随着互联网技术的不断进步，协同 OA 产品具备了跨组织、跨区域、跨时间的能力，呈现出高效的平台化特征。老牌 OA 厂商在技术实力和客户积累上占据一定优势，同时也形成了鲜明的产品定位。然而，由于老牌 OA 产品价格高、培训成本高，更多适合中小企业的轻量级 OA 产品开始出现。全国的 OA 厂商数量一度高达五六百家，使得 OA 市场的竞争程度达到前所未有的激烈。为了区隔化发展，各 OA 产品开始寻求不同的发展方向，如 IM 型协同产品(钉钉、倍洽)、CRM 型协同产品(销售易、纷享销客)、协作型协同产品(Worktile、Teambition)和一站式协同产品(然之、今目标)等。此时的协同产品呈现出百花齐放、各具特色的状态。

四、未来的协同生态发展展望

尽管现在的协同 OA 产品已经具备了平台化特征，但是它们仍然受到网络环境、组织分散性和系统间互通的限制，因此并未完全实现协同。未来的 OA 协同产品必将朝着跨组织、跨部门、跨应用、跨网络和跨终端的方向发展，同时更加注重人性化、易用性、稳定性和开放性。例如，华天动力的智慧协同概念、九思软件的大平台概念和然之的一体化管理概念都强调了协同 OA 产品沟通、协作和管理更加畅通和便捷的需求。可以预见，未来的 OA 产品将提供一个交互式的、全互联的协同生态圈，让我们拭目以待。

第三节　什么是好的 OA 协同办公系统

一款好的 OA 协同办公系统能够给企业带来很多好处，比如：能够帮助企业实现信息共享、协同办公、流程自动化等功能，减少重复劳动，提高工作效率；帮助企业降低成本，减少人力、物力、时间等资源的浪费；提高员工的满意度，减少员工流失率，提高企业的稳定性等。因此，在企业数字化转型的项目中，为企业选择一款好的 OA 协同办公系统是十分重要的，它能够让企业的数字化转型战略起到事半功倍的效果。本节将为读者介绍什么是好的 OA 协同办公系统，以及企业如何选择适合自身的 OA 系统。

市面上的 OA 协同办公系统五花八门，各有不同，但是一款好的 OA 协同办公系统应该在以下这些方面有一些共同的特点，如图 9-3 所示。

功能全面　　界面友好　　安全可靠　　可扩展性强　　服务质量高

图 9-3　好的 OA 协同办公系统的特点

一、功能全面

好的 OA 协同办公系统应该具备全面的功能，包括日程管理、任务管理、文档管理、邮件管理、工作流程管理等，能够满足企业各个部门的需求，提高工作效率和增强协作效果，提高文档管理的效率和安全性，提高工作流程的效率和透明度。

具体来说，在日程管理方面，能够帮助员工管理日程安排，包括会议、约会、任务等，可以设置提醒和共享日程，方便员工之间的协作和沟通；在任务管理方面，可以进行任务分配、任务进度跟踪、任务优先级设置等，可以提高工作效率和协作效果；在文档管理方面，应该能够帮助员工管理文档，包括文档上传、下载、共享、版本控制等，可以提高文档管理的效率和安全性；在工作流程管理方面，应该能够帮助员工管理工作流程，包括流程设计、流程审批、流程监控等，可以提高工作流程的效率和透明度。

二、界面友好

好的 OA 协同办公系统应该具备简洁、直观、易用的界面，让用户能够快速上手，提高工作效率。这是因为，一个好的 OA 协同办公系统不仅仅是一个工具，更是一个能够提高企业效率和员工工作效率的重要方式。

首先，简洁的界面可以让用户更加专注于工作本身，而不是被烦琐的操作所干扰。一个简洁的界面可以让用户快速找到需要的功能，从而更加高效地完成工作。其次，直观的界面可以让用户更加容易理解和使用系统。一个直观的界面可以让用户快速了解系统的功能和操作方式，从而更加容易上手。这样，用户就可以更加快速地完成工作，提高工作效率。最后，易用的界面可以让用户更加愉悦地使用系统。一个易用的界面可以让用户感到舒适和愉悦，从而更加愿意使用系统。

三、安全可靠

企业的数据是非常重要的资产，一旦泄露或丢失，将会给企业带来严重的损失。好的 OA 协同办公系统应该具备严格的安全措施，包括数据加密、权限管理、备份恢复等，确保企业数据的安全可靠。这样，企业就可以更加放心地使用 OA 协同办公系统，提高工作效率，提高竞争力。

首先，数据加密是保障企业数据安全的重要手段之一。好的 OA 协同办公系统应该具备数据加密功能，可以对数据进行加密处理，防止数据被黑客或其他不法分子窃取。数据加密可以有效地保护企业的数据安全，确保企业的数据不会被泄露。其次，权限管理是保障企业数据安全的另一个重要手段。好的 OA 协同办公系统应该具备权限管理功能，可以对不同用户进行不同的权限设置，防止未经授权的用户访问企业的敏感数据。权限管理可以有效地保护企业的数据安全，确保企业的数据不会被非法访问。最后，备份恢复同样是保障企业数据安全的重要手段之一。好的 OA 协同办公系统应该具备备份恢复功能，可以对企业的数据进行定期备份，以防止数据丢失。备份恢复可以有效地保护企业的数据安全，确保企业的数据不会因为意外事件而丢失。

四、可扩展性强

不同的企业有不同的业务需求和工作流程，需要一个能够灵活适应的 OA 协同办公系统。好的 OA 协同办公系统应该具备良好的可扩展性，能够根据企业的需求进行定制开发，满足企业的特殊需求。

首先，良好的可扩展性可以让企业根据自身的需求进行定制开发。好的 OA 协同办公系统应该具备开放的接口和模块化的架构，可以方便进行二次开发和定制。企业可以根据自身的业务需求和工作流程，对 OA 协同办公系统进行定制开发，以满足自身的特殊需求。其次，良好的可扩展性可以让企业随着业务的发展进行系统升级。好的 OA 协同办公系统应该具备良好的可扩展性，可以随着企业的业务发展进行系统升级。企业可以根据自身的业务需求和工作流程，对 OA 协同办公系统进行升级，以满足自身的特殊需求。最后，良好的可扩展性可以让企业更好地适应市场变化。好的 OA 协同办公系统应该具备良好的可扩展性，可以随着市场变化进行系统升级。企业可以根据市场变化对 OA 协同办公系统进行升级，以适应市场的变化。

五、服务质量高

好的 OA 协同办公系统应该具备优质的售后服务，包括技术支持、培训、维护等，确保企业能够顺利使用系统，提高工作效率。

技术支持是好的 OA 协同办公系统必须具备的售后服务之一。在使用 OA 协同办公系统的过程中，难免会遇到一些技术问题，如果系统提供商能够及时响应并解决这些问题，就能够保证企业的工作效率不受影响。因此，好的 OA 协同办公系统应该提供 24 小时的技术支持，能够及时响应用户的问题，并提供有效的解决方案。

在企业使用新的 OA 协同办公系统时，员工需要适应新的工作流程和操作方式。如果系统提供商能够提供专业的培训服务，就能够帮助员工更快地适应新的系统，提高工作效率。因此，好的 OA 协同办公系统应该提供专业的培训服务，包括在线培训、现场培训等形式，以满足不同企业的需求。

最后，在使用 OA 协同办公系统的过程中，难免会出现一些故障和问题，如果系统提供商能够及时进行维护和修复，就能够保证系统的稳定性和可靠性，提高工作效率。因此，好的 OA 协同办公系统应该提供专业的维护服务，包括定期巡检、故障排除、系统升级等，以确保系统的稳定性和可靠性。

案例：优秀的协同办公软件——金蝶 K/3 WISE

金蝶 K/3 WISE 是金蝶公司推出的一款以 OA 协同为核心的企业管理软件，能够帮助企业实现企业资源管理、财务管理、销售管理、制造管理、人力资源管理等方面的业务管理。

首先，金蝶 K/3 WISE 提供了完整的 OA 协同功能，包括电子邮件、日程安排、任务管理、公告通知、知识管理等。这些协同工具可以有效地提高企业内部的沟通协作效率，并且能够让团队成员更好地了解彼此的工作进展情况。

其次，金蝶 K/3 WISE 能够实现企业内部的数据共享和高效信息流转，该软件可以提供丰富的数据报表和分析功能，能够让企业管理层及时了解企业的运营情况，更好地制定企业战略。此外，金蝶 K/3 WISE 的自动化业务流程处理功能可以提高不同部门之间的信息流转效率，进一步提高协同工作的效果。

最后，金蝶 K/3 WISE 作为优秀的协同 OA 办公系统还具有以下比较优势。

(1) 全面性：金蝶 K/3 WISE 可以满足企业多个部门的日常业务需求，包括销售、采购、财务、人力资源等方面的管理和协同处理。这意味着企业不需要购买多个独立的软件来满足不同部门的需求，从而降低了成本并提高了工作效率。

(2) 可定制化：金蝶 K/3 WISE 可以根据企业的具体需要进行定制，并且可以支持多种语言和多种货币。这意味着企业可以根据自己的业务需求进行个性化的设置，从而更好地适应企业的业务发展。

(3) 实时性：金蝶 K/3 WISE 可以实时反映企业的业务数据，及时提供决策支持。这意味着企业可以随时了解自己的业务状况，当出现问题时可以及时做出调整并做出更好的决策。

(4) 安全性：金蝶 K/3 WISE 具有较高的安全性，可以对企业的重要数据进行保护。例如对企业的财务数据、客户信息等重要数据，可以进行加密存储和备份，从而更好地保护企业的数据安全。

(5) 易学易用：金蝶 K/3 WISE 具有较低的学习门槛，可以快速上手使用。这意味着企业可以节省培训成本，并且员工可以快速使用这个工具来提高工作效率。

(6) 云端服务：金蝶 K/3 WISE 可以提供云端服务，这意味着企业可以随时随地使用这个系统，无需担心地域限制，从而提高工作效率。此外，云端服务还可以提供自动备份和升级功能，从而增加了系统的稳定性和可靠性。

综上所述，金蝶 K/3 WISE 作为一个优秀的 OA 协同办公系统，能够帮助企业实现内部协同和信息共享，提高企业的效率和工作效果，并且还提供了丰富的分析工具，具有多种比较优势。企业在选择 OA 协同办公系统的时候，可以参照金蝶 K/3 WISE 的标准来选择适合的办公系统，给企业的数字化转型带来更多帮助。

第四节　OA 协同办公系统的外部采购

在移动互联网时代，我们都希望使用简单易用的 APP，无论是在生活还是工作中。智能手机和平板电脑已经普及，各种应用软件也彻底改变了传统的办公方式。在各种管理应用软件中，协同 OA 软件是最基础的应用之一。然而，面对众多大小不一的 OA 软件供应商，许多采购决策者都感到困惑：他们不懂选购过程中的技巧，容易上当花冤枉钱，最后也选不到适合企业的办公系统。如何选择适合自己的软件？采购决策者需要认真反思和学习。本节将介绍 OA 协同办公系统的外部采购的有关知识。

一、在采购OA协同办公系统时容易陷入的误区

1. 需求过于简单

许多企业，特别是中小型企业客户，对 OA 系统的了解不够深入。在提出需求时，他们往往过于简单，实际应用后就会发现 OA 办公软件的作用并不明显。实际上，客户除了对企业自身管理现状和信息化现状进行调研外，还可以借鉴同行业中实力相当或比自己大的公司已经实施过的 OA 系统的经验。尽量不要向OA 供应商咨询，因为他们肯定会把你的需求引导到自己产品的功能上。

2. 需求过于宽泛

有些公司的项目负责人在需求确立阶段，要求全体员工提出需求并汇总，然后要求软件供应商逐一实现。这样的需求是没有实际意义的。任何软件都是为了解决具体问题而存在的，必须分清主次矛盾，优先解决最紧迫的问题。实际上，在这种宽泛的需求下，项目负责人和软件供应商将陷入无休止的"开发—沟通—修改"循环中，导致 OA 系统长时间处于上线了但实际上并没有上线的状态，影

响公司的正常运作。因为到目前为止，没有任何一种管理软件能够解决企业的所有问题，OA 软件也不例外。

3. 需求缺乏个性

实际上，企业管理的特点千差万别，因此个性化的需求是必然的。任何通用的 OA 系统或同行业成功应用过的系统都不一定是最适合的。最适合的 OA 系统应该是紧密围绕企业自身管理需求而设计的。很多个性化需求都体现了企业自身的优势和特点，这样的 OA 需求通常具有"通用性"和"个性化"两大特点。例如，许多集团公司希望领导的个人信息面向员工有选择性地开放。这看似是一个简单的通讯录功能，但实际上却承载了该公司的文化。

二、如何选择适合的 OA 协同办公系统

随着信息化的发展，越来越多的企业开始采用 OA 协同办公系统来提高工作效率和管理水平。但是，如何选择适合自己企业的 OA 协同办公系统呢？这里给出一些建议，如图 9-4 所示。

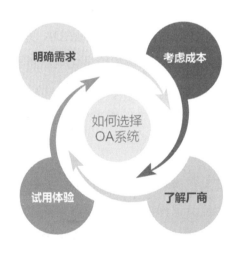

图 9-4　如何选择适合自己企业的 OA 协同办公系统

1. 明确需求

企业在选择 OA 协同办公系统之前，需要先明确自己的需求，包括功能、安全性、易用性等方面。可以通过调研、咨询专业人士等方式来了解市场上的 OA 协同办公系统，然后根据自己的需求进行筛选。

管理软件的灵魂是管理思想，这意味着管理软件的设计和实现必须基于一种有效的管理理念。管理软件的目的是帮助企业更好地管理其业务流程和资源，提高效率和生产力。因此，选择一个与你的管理理念契合的 OA 厂商非常重要。技术虽然重要，但并不是最重要的因素。技术只是实现管理思想的手段，而不是管理思想本身。因此，选择一个适合自己的管理理念的 OA 厂商比选择一个技术最先进的OA 厂商更为重要。

2. 考虑成本

企业在选择 OA 协同办公系统时，需要考虑系统的集成性，即是否能够与其他系统进行无缝集成。这样可以避免因为系统不兼容而导致的工作效率低下和管理混乱。OA 协同办公系统的价格因厂商和功能而异，企业需要根据自己的预算来选择适合自己的系统。同时，还需要考虑系统的维护和升级成本，以及使用过程中可能产生的其他费用。

3. 了解厂商

选择 OA 协同办公系统时，企业需要了解厂商的信誉度、技术实力、售后服务等方面。可以通过查看厂商的官网、客户评价、咨询专业人士等方式来了解厂商的情况。选择有行业案例的供应商是最可靠的，因为这意味着他们已经在该行业中有一定的经验和成功案例。这可以为你提供更好的产品和服务，以及更好的解决方案。

但是，不要让供应商带你去参观，因为这可能会导致你无法真正了解供应商的实际情况。首先，供应商可能会选择展示他们最好的一面，而不是真实的情况。他们可能会精心安排参观路线，让你只看到他们最成功的案例，而看不到他们的弱点和缺陷。这可能会导致你对供应商的实际情况产生误解。其次，如果让供应商带你去参观，你可能会错过一些重要的细节，导致无法真正了解供应商的生产流程、质量控制、员工素质等方面的情况。这可能会影响你对供应商的评估和决策。

4. 试用体验

企业在选择 OA 协同办公系统之前，可以先试用一段时间，了解系统的使用体验和功能是否符合自己的需求。可以通过向厂商索取试用账号或者参加厂商的免费试用活动来进行试用。建议你自己联系供应商，并亲身体验他们的产品和服务。你可以通过电话、邮件或在线聊天与供应商联系，了解他们的产品和服务的详细信息。如果可能的话，你可以要求供应商提供样品或试用期，以便你可以亲自测试他们的产品和服务。这样，你就可以更全面地了解供应商的实际情况，从而做出更明智的决策。

总之，企业在选择 OA 协同办公系统时需要综合考虑自己的需求、成本、厂商情况、试用体验等方面，选择适合自己的系统，从而提高工作效率和管理水平。

第五节　国内主流 OA 协同办公系统对比

远程办公 1.0 版本采用通用聊天软件如 QQ、旺旺、微信 PC 版进行文件传输和职场沟通。然而，随着移动办公 APP 如钉钉、企业微信等功能更为细分和工作流程线上化更为便捷的出现，远程办公进入了 2.0 状态。阿里巴巴与腾讯在企业移动办公领域进行了三年之久的竞争，但胜负未分。在 2019 年，两位新入局者"华为云 WeLink"和字节跳动的"飞书"出现，为远程办公领域增添了不少生机。这两家企业的入局对于很多中小型企业而言具有魅力和活力。本节我们将对国内这几个主流 OA 协同办公系统进行对比分析。

一、优秀的协同办公系统需要满足的条件

让企业放心将其组织行为和沟通数据存放在移动办公 APP 或线上工作平台上并不容易，至少需要满足以下三个条件。

第一，要能够轻松实现组织成员之间的沟通，包括文字、语音、图片、线上电话、邮件等功能，同时还需要具备密聊、聊天截图带水印、消息已读等更加细致的功能，这些功能的开发难度实际上比 To C 的 IM 工具更高。

第二，移动办公平台必须提供"私有云"服务，以确保入驻企业和员工的线上数据绝对安全。平台需要为企业各职能部门的工作场景需求构建 SaaS 应用接入的交互平台，类似于 PaaS 平台，因此云计算能力的比较变得更加重要。

第三，移动办公平台应该提供跨部门、跨事业群的扁平化沟通，能够在流程审核中设置不同的参与权限，以及实现多人协同编辑文档等功能，这就要求产品本身简洁易用，并具备强大的自定义能力。

目前，阿里云、腾讯云和华为云都与 WPS 和金山文档合作，以提供在线办公基础功能"文档协同"，形成了线上兼容度最好的在线 office 工作环境。金山办公(WPS)的核心企业战略是"云办公"，但其聚焦于文档服务而不是生态平台。此外，由于职场人士办公除了手机以外，主要依靠电脑办公，因此主流的办公平台都开发了 PC 版本进行消息同步，以确保员工无论何时何地、使用不同的终端都能够保证工作不掉链子。因此，能够满足上述条件的远程办公平台大概只有四个选项，分别是阿里系的钉钉、腾讯系的企业微信、华为系的 WeLink 和字节跳动系的飞书。

二、远程办公软件的分析

云服务和线上工作平台之间的关系就像基础设施和生态建筑一样，企业使用

哪家云服务就会采用相应的工作平台，反之亦然。例如，阿里云与钉钉、腾讯云与企业微信之间的关系就说明了这一点。华为云 WeLink 的底层基于华为云，这源自于华为自身的数字化转型实践。经过 19 万名员工 3 年的共同使用和消除各种不稳定因素后，华为云 WeLink 正式问世，并被定义为一款"更懂企业的智能工作平台"。

需要注意的是，腾讯云和阿里巴巴云强调的是数字化，更注重互联网化，而华为云则更加强调智能化，着眼于万物互联和人工智能时代，从"WeLink"这个名称中可以看出，其更加突出人、业务和设备之间的连接。华为本身就是依靠通讯技术和 ICT 起家的，因此在打通手机、电脑以及智能投影、智慧屏、考勤机、打印机等智能办公设备之间的障碍并提高工作效率方面具有优势。

据悉，华为云 WeLink 上线后，每日用户量达到 19.5 万，日活跃率达到99.8%，每日联接量超过 1200 万次，联接团队达到 52 万个，联接业务达到 700个。可以说，华为云 WeLink 的诞生是华为数字化能力的集大成之作。在笔者试用华为云 WeLink 时，发现其 AI 工作助手能够提供智能化的办公体验，而与华为自身软硬件一体化的多屏生态打通，则能够在线上办公的同时带来智能化的体验。

"飞书"是字节跳动旗下的一款办公套件和管理工具，其产品包括即时沟通、共享日历、云空间、工作台等功能，界面简洁易用。在文档交互和协作方面，笔者使用飞书的体验非常顺畅。此外，在推出飞书之前，字节跳动已经在 ToB 领域有着扎实的行业积累，先后收购了智能日历应用"朝夕日历"、思维概要整理工具"幕布"，并投资文档协作软件公司石墨文档和企业云盘产品坚果云等。

此外，飞书还提供了智能助手"小飞"，可以帮助用户自动完成一些常见的工作，比如日程安排、文件搜索等，大大提高了工作效率。同时，飞书还支持多端同步，用户可以在电脑、手机、平板等设备上使用，随时随地进行工作沟通和协作。总的来说，飞书虽然在应用扩展方面还有待提升，但其高效的工作流程和友好的用户界面设计，让其成为中小企业远程办公的首选产品之一。随着飞书的不断发展和完善，相信其将会在企业通讯和协作领域发挥出越来越重要的作用。

可以看出，华为云 WeLink 的优势在于为企业赋能智能化和大数据"连接"，而飞书则擅长在线协同和沟通。然而，这两个后来者与钉钉和企业微信相比，还存在开发者生态方面的短板。在 2020 年疫情的影响下，企业需要考虑选择何种移动办公平台。通过比较四大在线办公平台针对疫情给出的政策扶持，可以发现它们有三个共同点：一是释放了免费权限使用，降低了企业入驻门槛；二是除了针对企业，还特别为学校在线远程教学和医院远程问诊等开发了解决方案；三是各家针对性上线了一些防疫新功能，保证组织能够更顺畅地远程化办公。总的来说，新晋企业办公平台部署更为积极，其入驻企业或组织将迎来高峰期，推动"远程办公 3.0"的到来。

那么企业如何选择适合自己的在线办公平台呢？这个决定权在于老板，当然，员工不喜欢用的话也很难在企业全面实行远程办公制度。对处在准入期的企业而言，企业高层可以先注册钉钉、企业微信、华为云 WeLink、飞书并从中选择任意一种来满足在线办公的需求，同时对其进行疫情期间的测试，等运行一段时间之后，再把所有的组织架构和线上工作迁移到最适合自身业务的单一平台上，以提升组织沟通和工作的效率。当远程办公成为工作必不可少的一部分时，企业本身线上化、数字化以及智能化的进程也就完成了大半，也就真正进入了"所有公司都是互联网公司"的时代。